Sally Coulthard

[英] 萨莉·库尔撒德 著

向月怡 译

鸡的社会史
从生物到产品的千年之路

Fowl Play
A History of the Chicken from Dinosaur to Dinner Plate

中国科学技术出版社

·北 京·

Fowl Play: A History of the Chicken from Dinosaur to Dinner Plate by Sally Coulthard, ISBN: 9781801104470, first published by Apollo, 2024
Copyright © Sally Coulthard, 2022
This translation of Fowl Play is published by China Science and Technology Presss by arrangement with Bloomsbury Publishing Plc.
Simplified Chinese translation copyright © 2024 by China Science and Technology Press Co., Ltd.
北京市版权局著作权合同登记 图字：01-2024-1618

图书在版编目（CIP）数据

鸡的社会史：从生物到产品的千年之路 /（英）萨莉·库尔撒德 (Sally Coulthard) 著；向月怡译 .
北京：中国科学技术出版社，2024. 9. -- ISBN 978-7-5236-0857-9

Ⅰ . F307.3
中国国家版本馆 CIP 数据核字第 20247LQ710 号

策划编辑 屈昕雨	**责任编辑**	屈昕雨
封面设计 周伟伟	**版式设计**	蚂蚁设计
责任校对 焦　宁	**责任印制**	李晓霖

出　　版	中国科学技术出版社
发　　行	中国科学技术出版社有限公司
地　　址	北京市海淀区中关村南大街 16 号
邮　　编	100081
发行电话	010-62173865
传　　真	010-62173081
网　　址	http://www.cspbooks.com.cn

开　　本	880mm×1230mm　1/32
字　　数	176 千字
印　　张	8
版　　次	2024 年 9 月第 1 版
印　　次	2024 年 9 月第 1 次印刷
印　　刷	北京盛通印刷股份有限公司
书　　号	ISBN 978-7-5236-0857-9/F·1284
定　　价	69.00 元

（凡购买本社图书，如有缺页、倒页、脱页者，本社销售中心负责调换）

题献

神明自伟大，人类更神奇。

更胜一筹者，当属天下鸡。

——威廉姆斯·布莱克（William Blake，1757—1827）

前言

下雨了，一群母鸡看起来特别愤懑。我总认为鸡长这样的羽毛是不适合英格兰的天气的。这群母鸡蜷缩着蹲坐在草棚口，就像一群闷闷不乐地等着公交车的退休老人。对于鸡这种发源于东南亚热带丛林的物种来说，冬天一定让它们无所适从。尽管如此，我们的威武雄鸡"安迪"还是不断跳着略带挑衅的舞蹈——只见它单脚跳起，一翼高举，踏出欢腾又自信的水手吉格舞步，让母鸡也不自觉地跟着精神起来。每当发现新口粮，它还会对母鸡"咯咯"细语，兢兢业业地通风报信，没有几只母鸡能抵御它的魅力。

"安迪"的名字是我小女儿起的，灵感来自我那位性格极好、为人和善的父亲安德鲁。我们将它孵化、养大，当时也只觉得亲手养大一只公鸡会很有趣。然而，给家禽起名字并不吉利，因为当它们一个接一个被自然带走的时候，我们往往会很伤心——这是大自然在惩罚我们对某些动物的偏爱。然而令我们喜出望外的是，安迪不仅十分顽强健壮，而且无比温顺。他英勇如特攻队队员，守护着农场里的鸡群，却也会大大方方地到窗前来让我们挠一挠它的肉裙。除了安迪，再没有哪只公鸡愿意被我们紧紧环抱，像个矮墩墩的胖娃娃一样任我们怜爱地托举轻摇了。

这些年我养了几十只鸡，每一只都个性分明，而且和人一样，有些鸡会给人留下更深的印象、更讨喜。比如我们有一只名叫"布兰达"的黑色法国马朗①胖母鸡，比起同类，它更喜欢找人类小孩当玩伴，它在大部分时间里都和小女孩儿一起玩耍，只有在要下它那巧克力色的蛋时才会溜走。"布兰达"沉迷于孩子们的"过家家"游戏而不可自拔，陪着她们举办一场又一场茶会，一起在游戏帐篷里探险。我清晰地记得，有一次"布兰达"站在塑料雪橇上俯冲下一片雪地，徐徐停下后走下雪橇，继续啄食，仿佛什么都没发生过。

我们还接收过十只白色杜金鸡②，一位坐拥乡间大别墅、令人敬畏又善良慈祥的富媪将它们送给我们。这几只鸡就像庞弗利夫人家的吴淘淘③一样一直过着奢靡的生活，只有在吃了上好的口粮且感觉良好的时候才会产下雪白的蛋。这样养尊处优的

---

① 源自法国港口城市马朗的一种肉蛋兼用鸡，有多种花色，但以黑色为主，其蛋为深浅不一的棕色。——译者注

② 源自英格兰的古老鸡种，拥有五趾，颈羽为白色，尾羽为黑色，鸡蛋为白色或银灰色，肉蛋兼用，性情温和。——译者注

③ 英国电视剧《万物生灵》(*All Creatures Great and Small*)中的一只京巴犬，英文为"Tricky Woo"，其主人庞弗利夫人(Mrs. Pumphrey)家境优渥又对其宠爱有加，它常因伙食太好而消化不良。——译者注

早年生活为它们的身体打下了良好基础。整个鸡群的寿命都出奇得长，它们全都活到了十岁以上，最长寿的甚至活到十三岁才"跌落枝头"①。

还有一只名叫"卡图"的洛岛红鸡②，它机灵得惊人，特别擅长另辟蹊径，总能从不寻常的通道溜进农舍里。它是潜行高手，总能悄没声儿地穿过敞开的窗户或半开着的门而不被发现，然后跑到狗碗里偷食。它还是个藏身能手，如果有人打开橱柜或者棚屋的门，没准儿就能看到它突然从里面跳出来。更有一次，它沿着农道一路走下去，躲到了一辆DPD③面包车的驾驶座下面。车开出了八百多米，快递员才从余光中瞥见一抹红色，大吃一惊的驾驶员不得不折返。

在我看来，我养的鸡——乃至天下所有的鸡——都非常有趣。我们人类对待一些物种的方式很奇怪，有时还很矛盾。这种矛盾在鸡的身上体现得淋漓尽致。鸡，既是心爱的宠物，也是廉价的商品；既承载着乡间的淳朴，又是"悲惨的肉制品"和食物工业化的典型。人类对鸡再熟悉不过，却又似乎了解甚少。鸡的进化史充满意外，而它们从野生到被驯化的旅程也一

---

① 英文为"fall off the perch"，本意为"从枝头跌落"，在俚语中指代"死亡"。——译者注

② 源自美国罗得岛州（Rhode Island，又译为"洛岛"），肉蛋兼用鸡种。由东方的马来斗鸡和意大利的来亨鸡等品种杂交而成。——译者注

③ 国际物流公司。——译者注

样惊喜不断。

从斗士到食物，从实验工具到家养宠物，人类每次心血来潮，鸡都不得不随之转变身份。在那些伟大的文明中，鸡的用途多样——从宗教仪式到庆典盛宴，从血腥的消遣到地位的象征。英文中有"鸡蛋（egg）""雏鸡（chick）""一岁以内小母鸡（pullet）""母鸡（hen）""小公鸡（cockerel）"等各类关于鸡的名词，它们都简明地体现了人类与鸡的关系与情感；英文中也用与鸡相关的表达来形容各种各样的感受和情形——从"保护欲过强、爱多管闲事的人（mother hens）""多虑的、郁郁寡欢的（feeling broody）"到"有毒的男子气概（toxic masculinity）""个体的从众跟风行为（flock mentality）"，等等。一些神秘学仪式更是生生把鸡推到舞台中央，也不管鸡乐不乐意。不少信仰体系把鸡（特别是雄鸡）和蛋奉为圣物，将其视为重生、纯洁、警觉、守护的化身。

如今，地球上每时每刻都生活着超过两百亿只鸡，相当于每人能拥有超过三只鸡。更神奇的是，这种生物明明飞不远，却能成功在全世界繁衍生息，只有南极洲没有鸡的足迹。从西伯利亚的荒寒之地到大西洋中部的马尔维纳斯群岛，都有鸡。这种不起眼的禽类的迁徙与人类的探险、贸易、饮食和开采活动密不可分。无论何时，人类的旅途总是与鸡为伴。

本书讲述的就是这趟漫长的旅途。

目录

第一章　　幸存　　001

第二章　　战士　　027

第三章　　伪神与神谕　　059

第四章　　比喻　　089

第五章　　宠物　　119

第六章　　蛋鸡　　141

第七章　　肉鸡　　169

第八章　　先驱　　195

致谢　　225

注释　　227

第一章

幸存

听我雄鸡一声吼

　　6600 万年前寻常的一天，世界按下了暂停键。一颗大如一座城的陨石以超音速 40 倍的速度划过大气层、剧烈灼烧，最终狠狠撞击地球表面。这颗陨石落在墨西哥的海岸线上，引发了一场威力是广岛核爆炸 70 亿倍的大爆炸。它击穿地壳，形成了一个直径 150 千米的陨石坑。

　　这颗被后人命名为"希克苏鲁伯（Chicxulub）"的陨石即刻在地球表面释放出强力冲击波。一次次地震和火山爆发将地表拆得支离破碎，烈火吞噬了丛林，海啸的巨浪淹没了海岸线。然而，这些"地拆天崩"的现象只不过是灾难的冰山一角。这场大爆炸将数十亿吨砂石和毒气（如硫黄和二氧化碳）喷进空中，大气变得污浊，气候急剧恶化，地球上四分之三的生物自此绝迹。就这样，恐龙突然而惨烈地结束了对地球长达 1.7 亿年的统治。

但恐龙并没有死绝。有一种恐龙奇迹般地挺过了这场物种大灭绝，那就是如今世上所有呼扇着翅膀、在地上啄食、蹒跚行走的鸟类的祖先。这种残暴的、咆哮着的巨兽的"后裔"，如今却在农场里无忧无虑地东翻翻西啄啄。没错，这类没灭绝的恐龙就是鸡。

1861 年，从德国一处采石场里挖出的一块化石在科学界掀起千层浪。这块喜鹊大小的样本就像是古希腊神话里的生物——半身为鸟类，半身为爬行类，羽毛、翅膀、利爪、牙齿和骨质尾巴竟能同时长在一个生物身体上，这简直是闻所未闻。

就在几年前，查尔斯·达尔文在其巨作《物种起源》（*On the Origin of Species*）里预言，一个物种进化成另一个物种的过程中存在"缺环"①，需要化石来证明。而眼下这块化石似乎向全世界印证了达尔文的观点。混合着爬行类与鸟类性状的生物化石，证明了鸟类是从恐龙进化而来的。石头里的生物被命名为"始祖鸟"（Archaeopteryx），拉丁语意为"古老的翅膀"。于是，1.47 亿年前始祖鸟的出现被视作"鸟类时代"的开端，标志着恐龙终于飞上了天空。

_____

① 英文为"missing links"，字面意思为"缺失的环节"，即达尔文认为的物种在进化过程中存在的过渡形态。——译者注

科学家认为鸟类是从兽脚亚目恐龙（theropod）进化而来的，而这类恐龙里包括凶狠残暴的霸王龙和爪似镰刀的伶盗龙。兽脚亚目恐龙撕咬猎物时的凶悍是出了名的，但早在始祖鸟出现之前，这类食肉龙自2亿年前出现时起就逐渐进化出许多鸟类的特性，包括卵生、轻便且中空的骨骼、铰接式的踝关节、双脚行走的移动方式等，有的甚至还有羽毛。例如，霸王龙中的羽王龙就从头到脚都长满了羽毛；而从化石上看，伶盗龙的前臂似乎也长了羽毛，这种羽状前肢逐渐进化成早期恐龙的翅膀。如今许多古生物学家相信，恐龙身上出现羽毛起初并非是为了飞行，而更可能是为了保暖，就像动物会长毛发一样。慢慢地，这些长着绒毛的部位逐渐进化成了类似翅膀的结构，但长出翅膀也并非为了飞行，而是用来求偶或者威慑天敌。毕竟大多数长有羽毛的早期恐龙体形都过大，根本飞不起来。

直到1.5亿年前，始祖鸟等部分兽脚亚目恐龙同时进化出羽翼和轻巧的体形，这才开始有可能飞行，或者至少可以滑翔。尽管大多数古生物学家仍然将始祖鸟视为最早的鸟类，但从始祖鸟出现到希克苏鲁伯陨石撞击的8000多万年间似乎还进化出了其他与恐龙共存的史前鸟类。仅仅在过去的20年里，人们就命名了超过300种新的鸟类化石，其中许多都带有进化的痕迹，比如有的化石中的鸟类口中长了细小的牙齿，有的翅膀上长有爪子——这些都说明它们是从爬行动物逐渐转变成鸟类的。它们到底是真正的早期鸟类还是类鸟恐龙，连科学家都难以分清，这也侧面说明了从恐龙到鸟的进化过程复杂而缓慢。

当年撞击地球的那颗陨石所造成的破坏并没有指向性。陨石的冲击和余波吞没了大部分动植物，包括这些最初的鸟类。但万幸的是，有些鸟类存活了下来。这次物种大灭绝后出现了四个不同谱系的鸟类，它们成了今天所有鸟类的祖先：雁形目（Anseriformes），包括现代的鸭、鹅和天鹅等水禽；古颚总目（Paleognathae），即擅长奔跑但无法飞行的鸟类，如鸸鹋和鸵鸟；鸡形目（Galliformes），即陆地禽类，如家鸡和雉鸡；以及新鸟小纲（Neoaves），基本包括除上述三类之外的所有鸟类，从猫头鹰到蜂鸟都有。

为什么其他鸟类都难逃一劫，而这些却幸免于难？答案无人知晓。但科学家提出了三种猜测。第一种猜测认为体形是关键——所有经历过那场陨石之灾还能存活下来的史前鸟类体形都不超过鸭子的大小。体形小有两个好处：不仅需要的食物更少——这点在灾后环境中极为重要——而且繁殖速度更快，因此种群数量也能快速回升。

第二种猜测是，陨石撞击地球后，吃住靠森林的动物都灭绝了，只有陆栖鸟类得以存活。一小部分鸟类是通过挖地寻食或沿海岸线觅食生存下来的。从一些花粉记录、化石证据和现代鸟类生态学上的发现来看，只有少数陆栖物种在那次陨石撞击地球事件后幸存下来，随后不断进化，重新占据了所有因陨石撞击而消失的生态位①。

---

① 指一个物种在一个生态系统中的角色和功能。——译者注

最近发现的"神奇鸡"①化石似乎能证实这种猜测。这种鸟类早在那次物种大灭绝之前就存在了。化石是在荷兰和比利时交界处的一个采石场里发现的，这片区域曾经也是热带沙滩和浅海。剑桥大学的科学家团队对化石进行了研究分析。从其残骸判断出，"神奇鸡"似乎长着矶鹬的那种适合在海岸边生活的长腿，但令人疑惑的是，它的头骨同时具有鸡和鸭的性状。这块化石的发现具有多重意义，特别是因为"神奇鸡"也许是鸡形目和雁形目鸟类共同的祖先，而鸡与鸭后来才在进化的道路上分道扬镳。此外，"神奇鸡"体形小巧，只有大约 400 克重，喜欢靠海生活，不爱上树。这或许也是它没有像其他长有羽翼的同类那样遭受灭顶之灾的原因。

第三种猜测认为，有些鸟类早在陨石撞击之前就开始进化出颠覆性的面部性状了。在物种大灭绝前至少 2000 万年，一些鸟类就已经淘汰掉恐龙式的牙齿，长出喙了。鸟喙的出现丰富了古代鸟类的食物种类：水果可以，昆虫也行，关键是它们还能吃种子。多样化的食谱在食物来源稀缺的灾后环境中显得更为重要。一些科学家认为，长了喙的鸟能够从被烧毁的森林中找到残留的坚硬种子和坚果作为食物，以获取足够的营养，从而坚持到植被慢慢恢复。

---

① 2020 年 3 月，剑桥大学古生物学家在《自然》（Nature）杂志发表文章称，他们发现了迄今为止最古老的现代鸟类化石 "Asteriornis maastrichtensis"，并被人们昵称为 "Wonderchicken"（神奇鸡）。——译者注

无论是哪种猜测，这部分鸟类之所以不像许多同类那样灭绝，得益于一系列的身体性状优势。杂食、远离森林、热量需求少等因素让这部分鸟类得以灵活适应周围不断变化的生态环境。在这些数量极少的鸟类挺过了陨石撞击和余波灾害之后，一个美妙的新世界正等着它们去征服。

　　那么这和鸡有什么关系呢？2008年，《科学》（Science）杂志上发表了一篇惊人的研究成果。研究人员成功从一根霸王龙骨头中发掘出未石化的细小碎片物质。样本中难以提取出任何古生物的DNA，但实验室的科学家却成功从中提取了胶原蛋白分子。他们将这些胶原蛋白分子与人类、黑猩猩、短吻鳄、鲑鱼等21种现存生物的蛋白质做对比，并根据蛋白质序列构建出一份"家谱"。科学家认为，序列相近的动物一定有很近的亲缘关系，序列不同则代表这些动物很早以前就分化了。霸王龙体内的分子似乎证实了古生物学家和化石勘探专家长久以来的猜测——鸟类是兽脚亚目恐龙的后裔。更令人惊讶的是，蛋白质序列与恐龙——史上最家喻户晓又最凶残恐怖的物种——最接近的动物，居然是现代的鸡！

　　这项研究让人们喜出望外，但其结论却饱受争议。有人认为样本受到了污染，因此研究结果的科学性存疑，铺天盖地的批评声淹没了原本的发现。但2014年另一项研究结果再次指向鸡与恐龙的亲缘关系。肯特大学研究了若干种现代鸟类，包括家鸡、火鸡、北京鸭、斑胸草雀、虎皮鹦鹉等，发现家鸡和鸵鸟从恐龙时代起经历的染色体变化是最少的。人们通常认为，这些鸟类在挺过物种大灭绝后急速进化，占领了新的生态位，并迅速变异，最终分化出如今的 1 万个鸟类物种，尽显生物多样性的灿烂辉煌。但并非所有鸟类都经历了翻天覆地的变异过程。这项研究就发现，有两种鸟类的基因与其恐龙祖先十分相近，而鸡就是其中一种，哪怕经历了千万年的驯化和杂交繁育。

因此，家鸡成了研究鸟类进化的首选切入点。不仅因为鸡与恐龙同源，而且它们作为实验对象比上百千克重的鸵鸟更好控制——虽然这对鸡本身来说可能不是好事。本书后文会提到，家禽学与高科技农业都是大产业，具有巨大商业潜力的家鸡在 2004 年就成为最早被基因组测序的鸟类。家鸡既与恐龙同源，又具有商业价值，因此吸引了许多科学家去尝试模拟它们从兽脚亚目恐龙变成被圈养的家禽的漫长进化历程。更具争议的是，通过干扰鸡胚和活体鸡的发育，科学家似乎能够在寻常母鸡身上"复活"消失已久的恐龙性状。

从运动特点来看，化石能提供的信息有限。多年来，科学家一直在思考像霸王龙这样的双足恐龙是如何运动的。为了找寻答案，智利大学和芝加哥大学的研究人员为家鸡绑上自制的"恐龙尾巴"并记录观察结果。这些"尾巴"都是用木棍做成的，看起来和马桶塞没什么两样。实验人员用粘贴扣在一只雏鸡尾部绑上木"尾巴"，为了模拟兽脚亚目恐龙尾巴的生长模式，他们还会每 5 天换一根稍微大点的木棍，直到雏鸡成年。

通常，鸡走路时双腿微微蹲伏，膝盖弯曲，股骨（鸡腿顶部的大骨）平行于地面，其大部分腿部运动依靠膝关节。而这项研究表明，当尾部出现附加重量时，鸡的重心会改变，其走路姿势也随之变化——为了平衡尾部的重量，这些鸡不再依靠膝关节走路，而是从髋部开始晃动整条腿，姿态颇像牛仔；依靠髋部行走也使它们在运动时腿部变直，逐渐呈现出霸王龙的步态。

为什么鸡等鸟类淘汰了恐龙式的尾巴呢？一个简单的答案是肉质的尾巴会加大飞行的负担。在进化过程中，一些兽脚亚目恐龙的尾巴只剩根部，末端几根尾椎融合在一起，形成了"尾综骨"。若是做成烤鸡，这一块则被戏称为"神父的鼻子"。但神奇的是，鸡保留了长尾巴的基因指令。早在 2007 年，加拿大麦吉尔大学的古生物学家汉斯·拉尔森（Hans Larsson）就发现，两天大的鸡胚有 16 节椎骨，比孵化后完全成型的雏鸡多了 9 节。也就是说，发育早期的鸡胚仍然留存着恐龙式的尾巴，但在孵化过程中其又将多出的几节椎骨吸收了。拉尔森灵机一动——如果将触发椎骨吸收的基因信号消除，雏鸡就能长出爬行动物所拥有的尾巴，这样就能倒退数百万年到鸟类进化前了。即使雏鸡出生时没有蜥蜴的那种鞭子式的尾巴，拉尔森也能够将其尾巴延长整整三根脊椎骨。

既然鸡保留了能长出恐龙尾巴的基因指令，研究人员下一步自然就会考虑能否再现其他恐龙性状。现代鸟类的带羽毛的祖先（例如始祖鸟）的嘴巴不是喙，而是吻①。为了研究嘴部性状转变的原因，美国的一群研究人员开始操控让鸡长出喙的特定基因群，以改变鸡胚的面部结构。在此过程中，他们成功培育出一个带有恐龙鼻子的鸡胚，其形似小型伶盗龙。在一项类似的研究中，研究人员还发现，他们可以让鸡胚长出小牙齿。这些沉睡的基因一旦被"激活"，就能让鸡长出在恐龙化石中十分常见的锥形刀状齿。两项研究都表明，尽管随着时间的推移，现代鸟类或许不再长有吻和尖牙，但它们却没有失去这样的基因。

过去几年中，这种唤醒沉睡基因特性的"返祖基因激活"实验吸引了广泛的关注。利用科学手段、仅通过普通母鸡就能复活恐龙的想法听起来就像《侏罗纪公园》②（*Jurassic Park*）里的桥段，但对于科学家来说，修补鸡自带的休眠密码子可能是重现恐龙世界的最佳渠道。由于恐龙 DNA 分解得太快，科学家无法将其从化石中提取出来，因此从科学的角度说，通过操控鸡的基因来"制造"恐龙似乎较为合理。除了牙齿、吻、尾巴等古老性状之外，科学家还在研究（通过抑制基因指令，使恐龙的三指无法融合为现代鸟类的翅膀）将家鸡的羽翼退化成兽脚亚目恐龙的前臂，将羽毛退化成鳞片，将鸡腿退化成兽脚亚

---

① 早期类鸟恐龙带有细小尖牙的细长吻部。——编者注

② 1993 年的美国科幻冒险电影，由史蒂文·斯皮尔伯格（Steven Spielberg）执导。影片里的科学家从一块包裹着蚊子的侏罗纪琥珀提取出恐龙 DNA，以此复活了大量侏罗纪的恐龙。——译者注

目恐龙的脚趾和腿的基因机制。但目前还没有哪项实验通过篡改鸡胚基因来创造出一只活恐龙，甚至连这个想法都没有。但如果这事儿真成了的话，那么鸡一定会变得大受欢迎。"恐龙鸡"的时代或许还会到来。

对于研究鸟类进化的古生物学家来说，令他们好奇的还有另一个问题：公鸡的阴茎是如何消失的。在所有从陨石之灾中幸存下来的鸟类中，古颚总目（包含鸵鸟、鹤鹬等）和雁形目（水禽）都保留了显眼的阴茎。事实上，多数鸭类天生就拥有半个身体长的螺旋式阴茎。其中南美硬尾鸭（Oxyura vittata）的傲人阳具之长度更是接近等身的半米。虽然俚语中以"鸡"指代男性的外部生殖器，但是公鸡本身却没有这个部位——大自然的讽刺真是耐人寻味啊！

外观上"去雄"的动物不只有公鸡。尽管现代雄性鸟类都需要通过体内受精（即将精液射入雌性体内）繁殖后代，但90%以上的雄鸟外生殖器都很小，有的甚至没有。雌鸟雄鸟只能通过挤压"泄殖腔"（鸟类的生殖器口，结构简单）进行交配。雄鸟肌肉收缩，将精液喷射入雌鸟体内，这一步被称为"泄殖腔之吻"。泄殖腔同时还用于排泄和下蛋。由佛罗里达大学生物学家马丁·科恩（Martin Cohn）带领的研究团队最近发现，阻断阴茎生长的机制出现在鸡蛋里。鸡胚在生长的最初8天中还跟鸭子一样长着阴茎，但到了第9天阴茎的生长就停止了，原生的生殖器开始萎缩。生长停滞是因为一种叫"骨成型蛋白 4"（Bmp4）的蛋白质水平提高，这可能会促进阴茎细胞的凋亡。为什么鸡等鸟类失去了"鸡"，而其他鸟类（如鸭子和鸸鹋等）又保留了呢？

对此有两种猜测。像鸭子这样"带把儿"的雄鸟在交配的时候往往需要使用武力。观察过鸭子的人都知道，为了与母鸭交配，公鸭的动作通常十分激烈；其间母鸭往往会感到紧张，甚至会受伤。"性胁迫"式的交配策略能让雄鸟尽可能获得最大数量的后代，而这对雄性来说是有利的。相比之下，雌鸟通常更希望自主择偶，选择在体形、健康状态、脾气等方面表现最佳的交配对象。这样的择偶斗争在鸭类和鹅类中引发了两性之间的"军备竞赛"——雌鸟衍生出若干复杂的应对策略，包括进化出不同形状的阴道，让阴茎长而且形状复杂的雄鸟无法"得逞"。鸡等鸟类的雌性偏爱"反暴力，促合作"的繁殖方式，因此可能会故意选择生殖器不那么出众的雄性。久而久之，公鸡也完全不需要阴茎了。

但科恩不赞同这种观点。他认为公鸡阴茎的消失可能只是恐龙进化过程中的"无心之失"。外部生殖器的退化可能是在某种奇特的"断臂求生"策略——它们放弃外部生殖器以换取其他性状，如圆锥形的喙、不长牙齿等，这些都受到骨成型蛋白的影响。但公鸡之失，无疑是母鸡之福。如今，家鸡的求偶仪式总体来说更温和，与其现代近亲（如水禽和陆禽）及其同源祖先的那种威逼胁迫的方式截然不同。

现在的公鸡需要通过华丽的表演来吸引异性的注意。通常，它会先展开一侧翅膀、转圈跳舞，以特别的姿势开启求偶仪式。如果母鸡喜欢它的表演，就会将身子贴地，好让公鸡跳上身。如果公鸡的舞蹈不见效，那么它就会采取第二步措施：一边呼叫母鸡来进食，一边啄地板，就像"通风报信"①。如果这些方法都不成，公鸡就会用喙叼着母鸡颈部的羽毛，跳上母鸡的背，平衡好重心后压低尾巴让双方的泄殖腔相碰，只需母鸡"一炸毛"的功夫，整个过程就完事儿了，双方又恢复正常，继续搔地觅食。

有趣的是，正如家鸡在进化过程中被"抑制"的其他古老性状一样，其祖先那种极具攻击性的交配方式或许还沉睡在它们的基因密码中。针对肉鸡（见第七章）的多项研究表明，部分公鸡不再跳舞求偶，更糟糕的是强迫交配的行为卷土重来。当求偶仪式不复存在时，雌性肉鸡就不得不忍受交配对象的暴力攻击，想逃走的母鸡会被攻击性变得极强的公鸡伤害，落下残疾甚至痛苦死去。安大略圭尔夫大学动物保护专业荣誉教授伊恩·邓肯（Ian Duncan）在受邀研究这一现象后表示，为了让鸡胸肉更丰满或让鸡生长得更快，大规模的工业化家禽养殖业

---

① 英文为"tidbit"或"titbit"。这个词最早出自 1639 年古文物学家约翰·史密斯（John Smyth）的《格洛斯特郡伯克利及其居民的描述》（*A Description of the Hundred of Berkeley in the County of Gloucester and of Its Inhabitants*）。"a tyd bit"指的是留到最后吃的一小口食物。慢慢地，英国人将其拼写改为"titbit"，但美国人仍然使用最初的版本"tidbit"。"tyd"或"tid"表示温柔或喜爱，"bit"指一小口或一小块。

频繁地对鸡进行遗传育种，这可能在无意中篡改了影响交配行为的基因。而且目前看来，肉量越丰富的公鸡，举止就越粗鲁。

鸡带领我们深挖历史，探寻恐龙与鸟类的共同点。但鸡是如何打破阶级枷锁，演化成今天为人所熟知的独特鸟类的？这个问题同样值得思考。正如上文所说，鸡属于鸡形目鸟类。这个群体种类繁多、数目庞大，包括火鸡、岩雷鸟、孔雀等：它们拥有许多相似特征——多数鸡形目动物身材丰满、翅膀较短、腿部健壮、四趾发达（有些品种长有五趾），尖爪搔地，无缘长空。鸡形目可以飞行，但飞行距离长短不一，它们很少迁徙，也几乎不会长距离展翅飞翔，多数靠双腿四处走动，但在需要飞速逃脱或者赶到过夜栖息地时，它们也能快速飞行，甚至垂直升空。例如一只因失去掩护而惊慌失措的野鸡就会疯狂扇动翅膀以进行滑翔。很多人以"是否能飞行"作为鸟类的根本判断标准，但包括鸡在内的许多鸟类都不擅长飞行。更有甚者，像企鹅这样的鸟类根本不会飞。

纵观整个鸡形目树状图，最大的分支为雉科（Phasianidae）。雉科包括鹌鹑、野鸡、松鸡和鹧鸪等种类，每一种听起来都像英国人猎物储藏室里的猎获。但鸡形目中还包括原鸡属（Phasianus gallus），这是一种极具亚洲气息、外表鲜艳夺目的鸟类，其栖息在东南亚、印度、斯里兰卡和孟加拉国温暖的森林中。其下包含四类鸡：灰原鸡（Gallus sonneratii）、绿原鸡（Gallus varius）、斯里兰卡的蓝喉原鸡（Gallus lafayettii）以及红原鸡（Gallus gallus）。原鸡属是英挺的家鸡和胆小的野鸡的结合，雄性毛色如彩虹般鲜艳亮丽，体形修长，炸开的尾羽如石油般黑亮，鸡冠火红鲜艳。和野鸡一样，雌性原鸡较雄性体形更小，颜色更暗淡——对于它们这种需要隐秘地在地面筑巢的鸟类来说，这是完美的保护色。

现代 DNA 检测技术发展之前，博物学家关注的大课题是找到鸡真正的祖先。不可否认，亚洲原鸡与圈养的家鸡在外貌上有相似之处，但两种鸡是否有亲缘关系仍有待查证。家鸡中不同品种之间羽毛、颜色、体形、尾巴结构等形态特征的差异很大，这也令人困惑。所有家鸡是都源自同一祖先，还是每个变种都源自不同的祖先和地区？这个问题曾让 18 世纪后期启蒙运动中伟大的博物学家乔治·路易·勒克莱尔（Georges-Louis Leclerc）[1]绞尽脑汁。家鸡起源的奥秘不仅引发了科学界的关注，而且慢慢演变成关乎职业自豪感的议题。勒克莱尔在他的《鸟类自然史》（Natural History of Birds）中写道，"虽然公鸡是家养的，很常见，但人们对公鸡的了解或许还不够……但是，如果大多数人都对公鸡了解不多，那么一个训练有素、誓将每个物种都明确归类的博物学家又情何以堪呢？"

勒克莱尔从收藏爱好者那儿看到了繁多的"外来品种"，又

---

[1] 十八世纪法国博物学家、作家，1707 年生于孟巴尔城一个律师家庭，后因继承关系改姓德·布封（De Buffon）。1739 年起担任皇家花园（植物园）主任，历经 40 年完成 36 卷巨册的《自然史》（Natural History）。——译者注

从旅行者那儿听来了引人入胜的描述，他既好奇又困惑。一些鸡的标本名中带有神话色彩，如"爪哇矮脚母鸡""卷毛公鸡""日本丝羽乌骨鸡"等，勒克莱尔无法想象这些性状迥异的鸟类有一个共同祖先。他沮丧地写道："在众多的鸡形目品种中，我们该如何找到原始种群呢？时过境迁，沧海桑田，人类的兴致不断变化，经常突发奇想，鸡也因此繁衍出多个品种，溯源难于上青天。"

经过一番研究，勒克莱尔选择了生物学家所谓的"多起源"假说。他得出结论：家鸡群体一定有多个祖先，因为单一的物种肯定无法同时繁衍出鸽子大小的"英格兰小母鸡"和 10 磅重的"帕多瓦公鸡"[①]。1813 年，荷兰动物学家科恩拉德·雅各布·特明克（Coenraad Jacob Temminck）也同意"多起源"论，他认为所有家禽都源于六种不同的野生物种。20 年后，著名的自然科学家乔治·居维叶（Georges Cuvier）和勒内·普里梅韦勒·莱松（René Primevère Lesson）也同意这个说法。

人们通常认为，达尔文是第一个反对"多起源"论并提出"所有家鸡都源自同一物种（即红原鸡）"的科学家。然而实际上，这"第一人"的称号应该颁发给爱德华·布莱斯（Edward Blyth）。这位名声没那么响亮的英国动物学家在成年后的大部分时间里都在印度担任孟加拉皇家亚洲学会博物馆的馆长，收入微薄。布莱斯对异国鸟类的痴迷让他后来被誉为"印度鸟类学

---

① 意大利古老鸡种，以其发源地、意大利帕多瓦省命名。这种鸡外形奇特，头顶不长鸡冠而像顶着一头蓬松的毛发。——译者注

之父"，但一切都始于他对家鸡起源的好奇。

1847 年，布莱斯针对学术同行的论文《加尔各答的鸟类》（*Birds of Calcutta*）发表批评文章，自信地宣布"毫无疑问，当今所有常见家禽品种都是从孟加拉原鸡（当时红原鸡的通用名称）衍生而来的"。他的论断颇为大胆，令人瞠目结舌，而且他的结论仅仅是通过观察所得。"无论是中国的丝羽乌骨鸡，还是来自吉大港的大型鸡①，抑或缅甸的毛腿矮脚鸡②，哪怕外表相差甚远，它们的叫声马上就将其缘起暴露无遗……此外，我们不断发现，常见的家鸡身上的每一根羽毛都与野鸡有着紧密的关联。"布莱斯认为，家鸡之间所有的差异都是人为干预造成的，或者如勒克莱尔所说，是被人类的"奇思妙想"所左右的。4 年后，布莱斯写道："我敢保证，所有的丝羽鸡、毛腿鸡、凤头鸡、乌鸡、巨型鸡、卷毛鸡都不是野生的。"

随后的多年里，达尔文和布莱斯密切通信，互通有无。1855 年，布莱斯在给达尔文这位学识渊博的朋友去信时重申了自己的观点，他坚持认为红原鸡的"众多性状都与家禽一致，其相似程度堪比绿头鸭与家养鸭、野生火鸡与家养火鸡！"达尔文在 1859 年出版《物种起源》时的想法与布莱斯一致，坚信

---

① 即马来斗鸡（Malay），体形高大，可高达 90 厘米。源自马来半岛和印度德干高原，其中来自印度的被称为"灰色吉大港种"，被英国进口后主要在欧洲育种。——译者注

② 多为白色，体形矮小，腿短毛多，19 世纪被从缅甸带到英国育种。——译者注

"所有品种的家禽都是红原鸡这种印度野鸡的后代"。但就在这本书出版不久后，达尔文的态度发生了一百八十度大转变，开始怀疑自己说过的话了。其中尤其让他困惑的是"巨型鸡"的存在。这种体形巨大的禽类从 17 世纪初起就为商人所津津乐道，而达尔文也在大英博物馆中仔细观察过其标本。这种鸡的学名为巨型原鸡（Gallus giganteus），其腿部肌肉发达，脖颈长，身高是一般家鸡的两倍，据说它们高到可以从啤酒桶顶部叼走谷粒。巨型鸡的出现让达尔文不禁猜测：鸡还有其他未被发现或者已经灭绝的祖先吗？布莱斯的理论正确吗？

　　幸好，到 1868 年《动物和植物在家养下的变异》（The Variation of Animals and Plants under Domestication）出版时，达尔文坚定了立场。在严格缜密地对鸟骨进行比较分析，对鸡进行杂交育种之后，在博物学家、家禽饲养专家威廉·特盖特迈耶（William Tegetmeier）的帮助下，达尔文得出结论：所有家鸡——包括巨型鸡这种"大家伙"——"似乎都是从单一品种分化出来的，只是分化的方式各有不同。"达尔文还相信，红原鸡是所有鸡的唯一祖先，因为红原鸡与家鸡能通过杂交生下健康的后代，但家鸡与其他品种的原鸡杂交出的小鸡则很难再繁育下一代。达尔文写道："从两者极为相近的毛色、总体结构、特别是啼声等特征来看……从目前所知的，两者能够自由繁衍这点来看……我们可以底气十足地将红原鸡视作所有品种家鸡的祖先了。"

　　虽然达尔文得出了结论，但争论仍在持续。从 19 世纪末到 20 世纪，博物学家一直在鸡的"单一祖先论"和"多起源"假说之间摇摆不定。事实上，直到 20 世纪 90 年代基因分析技术出现，这场争论才最终有了答案。科学家在检测了家鸡和野生原鸡的 DNA 并分析了两者的相关性后宣布：红原鸡绝对是所有现代鸡类的主要起源物种。然而，每经历一代，任何物种的家谱都会变得更加复杂，鸡也不例外。另有近期研究表明，尽管红原鸡是现代鸡类的"祖母"，但其他种类的原鸡也在后来野生和家养种群的繁衍过程中为现代家禽的分化贡献了遗传物质。

例如，西方的一些蛋鸡和肉鸡羽毛下和腿部的皮肤是黄色的，但奇怪的是，红原鸡只有白色皮肤的遗传因子。研究人员尝试寻找黄皮基因的来源，最终在意想不到的地方——灰原鸡的 DNA 里——找到了答案。红原鸡和灰原鸡是不同的物种，不会在野外交配，因此研究人员认为，灰原鸡的黄皮基因只可能是在人类开始驯养鸡，让不同种类的野生鸡及其后代得到杂交的机会之后，才加入到家鸡的遗传物质当中的。

关于"鸡的祖先"的辩论告一段落，但"鸡被驯化的时间和地点"仍待查证。这是因为，一方面，在靠谱的基因检测技术问世之前，人们难以通过出土的遗骸区分原鸡和现代鸡。红原鸡和家鸡实际上非常相似。能被用于区分这两种生物的标志很少，且多半不会出现在一堆干枯的、灰尘满布的远古遗骸中。根据规范的科学标准，野生原鸡的尾羽与地面平行（而家鸡的尾羽是直立向上的），雌性没有鸡冠，雄性每年褪毛换羽一次。

每年 6 月至 9 月，雄性原鸡会长出一种特殊的羽毛作为过渡，金色的颈羽被暗淡的新羽取代，长长的尾羽则会脱落。但在进化过程中的某个节点上，家鸡失去了换毛的过渡期。

原鸡也有不同的群体习性，它们的繁殖季较短，鸣叫声辨识度高——正如上文所说，这样的特征也是考古学家无法从遗骸中看到的。与马或牛等大型家畜的骨骼不同，家禽的遗骸在考古记录中难以得到完整保存，其不仅经常被食腐动物叼走，而且挖掘出的骨骼也很难看出是属于原鸡还是属于其他相似物种。例如，在 20 世纪 80 年代，考古学家在中国的一个具有8000 年历史的考古遗址中发现了一块外形酷似家养母鸡的化石。一开始，这块化石被视为人类开始驯化鸡的确凿证据，只可惜，后来的分析发现这些骨头其实属于野鸡。

幸运的是，一个物种被驯化后改变的不仅是行为。人类根据自身需求对动物进行育种和性状筛选，导致这种动物的基因频繁地改变。也就是说，动物被驯化的痕迹会留在基因中。科学家只能通过观察原鸡和现代鸡基因序列上的微小差异来确定进化发生的时间点。一个大型国际研究团队最近成功从家鸡以及 4 种野生原鸡身上收集了 800 多个基因组并进行了测序。结果显示，现代鸡全都衍生自红原鸡的一个亚种——滇南亚种原鸡（Gallus gallus spadiceus）。这种鸡的栖息地横跨中国西南部、泰国北部和缅甸。数据还表明，鸡的驯化发生在 12500 年至 6000 年前。自此，科学家终于确定了野生原鸡融入人类生活的时间。这段历程将把人和鸡都带到意想不到且挑战重重的地方。

人类驯服胆小的原鸡的方式仍待探索。通常认为，农业的出现会伴随着动物的驯化——我们可以合理猜测，早期人类在从狩猎采集时代过渡到农耕时代后才开始饲养牲畜。但人类开始养鸡的时间仍然不明确。东南亚早期农业存在的证据——尤其是小米、木薯和水稻的种植遗迹——表明这片地区的人直到约公元前2000年才过上农耕生活，但鸡的驯化时间比这早了至少2000年。

一种解释是，人类与原鸡之间的关系最早并不是"农民与食物"，而是"主人与宠物"。人们通常认为，"宠物"是现代才有的独特现象，是只有在时间和资源都有富余的情况下才能拥有的奢侈品，但其实有史以来人类就一直把动物视为宠物或者猎物的习惯。当欧洲探险家涉足世界各地，并在那些广阔的未知之地遇到原住民部落时，他们惊讶地发现，这些千百年来始终依靠游猎和采集生活的部族饲养动物竟然不是为了获取食物。从澳大利亚的野狗和沙袋鼠，到北美的狼、驼鹿和熊，人类"喂养"了一大群动物，不为吃肉，只为消遣。波利尼西亚人[1]和密克罗尼西亚人[2]养狗、鸽子、鹦鹉和果蝠；而在南美洲，尤其是亚马孙流域，英国探险家、博物学家亨利·沃尔特·贝

---

① 生活在大洋洲东部波利尼西亚群岛上的一个群体，包括毛利人、萨摩亚人、汤加人、图瓦卢人、夏威夷人、塔希提人等多个支系。——译者注

② 生活在太平洋西部密克罗尼西亚群岛上的群体。密克罗尼西亚人包括查莫罗人、加罗林人、马绍尔人和瑙鲁人等支系。——译者注

茨（Henry Walter Bates）则记录了至少 22 种被当地人驯养的动物，包括鹿、貘、猴子、树懒、负鼠、狐狸、长吻浣熊、豹猫、美洲豹等。鸟类也是大受欢迎的宠物，尤其是那些会鸣唱的，或者像原鸡这样长有装饰性鲜亮羽毛的种类。看来，野生物种的驯化并不取决于人类是否居有定所或过着农耕生活。

众所周知，野生原鸡很容易受惊，但它的一项特征却可以为人类所用。早熟鸟类出生后就可以走路、自主进食，但它们也很容易与母亲走散。刚出生的雏鸟会对第一眼看见的活物产生依恋之情，这种现象叫"印刻"，可以让鸟类的亲子关系更亲密，也有利于雏鸟学习新技能。而家禽的幼崽则有可能会对其他动物、人类甚至无生命的物体产生"印刻"。在 20 世纪 50 年代，动物学家尼古拉斯·科利亚斯（Nicholas Collias）发现马来西亚农村的村民"经常饲养各种宠物，包括原鸡，或许正是这种习惯开启了驯化过程。一旦出壳，家养的雏鸟就倾向于跟随高大的、会移动的物体，比如一个人类；若是这个人发出的是低沉、简短而重复的声音，其吸引力就更强了"。科利亚斯将这种方法带回了美国，在一只新孵化的家养红原鸡身上进行实验。1949 年，在印度工作生活的摄影师欧内斯特·休伯特·牛顿·洛瑟（Ernest Hubert Newton Lowther）也在野外拍到了两只刚孵化的红原鸡跟在它们的人类"家长"身后跑。

一开始，印刻现象的存在让人类得以接近野生原鸡，随后这就成了全面驯化之路的起点。20 世纪中叶的民族志学家记录了马来半岛和泰国西部不同原住民部落拿取并孵化原鸡的行为。而至关重要的一点是，这些原鸡长大后大多数都重返森林，回归野生原鸡群中，只有几只不介意住在人类附近生活的小鸡留下了。因此，红原鸡的驯化或许并不是仅靠让小鸡产生"印刻"效应或圈养野生原鸡就能实现的。那些并非自愿住在人类身边的动物——被拴住的、遭诱捕的、被关在笼子或围栏里的——往往长不好。因此，进化生物学家一直猜测，"减少恐惧"是野生动物得以被驯化且长期生存的必要条件。换句话说，野生动物要能忍受与人类共处才行。

而这个理论最近被搬进了实验室。瑞典林雪平大学进行了一个有趣的科研项目，研究人员以"对与人类接触的恐惧程度"为标准选取了超过六代的红原鸡。他们配对了大约60对红原鸡，培育出数百只后代，每一代的幼崽又被根据它们对饲养员的态度再次分组。很快，实验就证明了，对人类恐惧程度较低的原鸡所生出的后代对人类也没那么恐惧。也就是说，"不怕人"的特性是会遗传的。

但更有趣的是，这些不怕人的原鸡后代，经过几代后又产生了其他性状。它们不仅比怕人的同类吃更多谷物，而且下的蛋也更大——而这两个特点也存在于现代鸡身上。而最令人意外的是，容易接受人类陪伴的原鸡对同类展现出更强的攻击性。也就是说，在人类身边能自在生活的原鸡，在同类中往往也更大胆，会对鸡群中的其他成员表现出更强的敌意。

这种好斗的特性是个重大发现。一直以来考古学家都猜测，人最初驯化鸡的祖先并不是为了吃鸡蛋或者鸡肉。野生原鸡只在春季繁殖，而且持续时间很短，雌鸡一窝只能产4~6个蛋，而本书第六章会说到，现代鸡的日常产蛋习惯是在此后几千年中形成的。有人曾经猜测，人类驯化红原鸡可能是为了获得稳定的肉类来源，但事实上，我们很难找到人类繁育和食用早期原鸡的证据。最近考古学家在以色列进行了一次考古挖掘，这里存在早期人类大量吃鸡的证据。这些证据可以追溯到大约2200年前，而这距离鸡最初被驯化的时间已经过了几千年了。当然，缺少事物存在的证据并不能说明事物不存在。这引发了一个值得思考的问题：如果不是为了吃鸡肉鸡蛋，那人们为什么还要花那么大力气去驯化原鸡呢？考古学家猜测，答案可能藏在一个意想不到的地方。"驯养原鸡"这场跌宕起伏、跨越文化历史的旅程，或许并非始于餐盘，而是始于斗鸡场。

第二章

战士

严阵以待

20 世纪 70 年代，考古学家在奥地利维也纳市的市郊发掘了一处古老的坟地，并在此发现了七百余处阿尔瓦成年男女和儿童的墓穴。阿瓦尔人起源于亚洲大草原，于 6 世纪时西迁。他们威武强大，是战士，也是牧民。西迁途中的阿瓦尔人肆意掠夺、绑架和勒索。生时辉煌，死更风光，他们的埋骨之地出土了做工精良的武器、精致的衣服和珠宝。但最有趣的是，其中几乎一半的墓穴中都出现了鸡的遗骸。

一开始，许多人误以为这些鸡是"祭品"，就是人们常会为逝者准备的在通往来世的路上享用的供品。然而，人们在对这些骨头及其出土地进行考古分析后，却发现了惊人的规律：墓穴是分"性别"的——公鸡陪葬男性，母鸡则与女主人一起入土。此外，在分析了人类和用于陪葬的鸡的骸骨之后，考古学

家发现墓主和陪葬品的饮食质量是匹配的。也就是说，被精心
饲养的鸡与生前饮食精致的人类埋在一起。达官贵人配精心饲
养的鸡，而底层人民则只配与营养不那么充足的鸡一同下葬。

此外，墓穴中发现的高贵公鸡长寿得惊人（鸡距①的长度和
其他骨骼特征能作为判断年龄的指标），这说明人类曾对它们宠
爱有加、细心关照。其中有只公鸡似乎吃得比墓穴里的许多人
类还好。这种奇怪的关联向考古学家揭示了一个道理：阿瓦尔
人显然和他们的鸡有着特殊的羁绊——一个人的墓穴里有什么，
通常能反映他日常生活中对某些物品或动物的重视程度。鸡之
于阿瓦尔人到底为何物，考古学家还难以推断，但看来不会是
食物。

鸡最早在东南亚被驯化，但对于在这之后它们如何征服世
界，我们的了解十分有限。鸡虽属鸟类，但无法远距离飞行，
也不具备游水能力②（尽管能够短暂漂浮于水面），因此不可能走
得太远。它们之所以能遍布全球，全靠人类。另外，人类早期
似乎只对公鸡感兴趣，对母鸡则兴致寥寥。尽管目前难以确定
这些公鸡到底有何功用，但考古学家猜测，公鸡生性好斗且毛
色鲜亮，比起把鸡作为蛋白质来源，人类更可能将它们用于庆

---

① 雄鸡的后爪。——编者注

② 鸡不会游泳。它们不仅缺少能平稳推水前进的蹼，而且羽毛的特
性也不利于它们在水中遨游——虽然鸡很轻，在水中扑腾几分钟还
行，但由于羽毛不防水，它们很快就会变得沉甸甸的，像石头一
样沉入水底。

典仪式，或者用来斗鸡。

如今的巴基斯坦出土过许多宝物。这些宝物来自早期印度河流域文明的主要城市之一摩亨朱·达罗。其中最有趣的要数"印章"——一些带有雕刻图案的小牌子，它们能在潮湿的黏土上留下印记。这些印章为何而刻，目前无人知晓。但考古学家知道的是，盖章是商人标记货物所有权或重要人物签名的一种方式。无论是何用途，印章上通常刻着具有威慑力的生物、神祇、灵兽图案，以彰显主人身份，或许还能当作法力强大的护身符。印章上的动物能帮助我们了解摩亨朱·达罗的居民和他们的信仰。显然，这些动物多是猛兽——公牛、犀牛、大象、老虎、鳄鱼以及最关键的公鸡。据语言学家推断，这座城市的古称为"Kukkut arma"，意为"公鸡之城"。这足以证明公鸡显著的地位，甚至还有重大的精神价值。[①]

鸡曾四处"游历"，从东南亚经过西亚到达地中海，之后又向北欧进发，但旅途中的细节仍不为人所知。它到达中国的日期更是颇具争议。考古证据表明，鸡在公元前 2000 多年前到达中东地区（伊朗、叙利亚、土耳其），在公元前 1000 年左右到达西欧——可能是随着出海的腓尼基人到达沿海贸易目的地附近的。

---

① 词源学家喜欢追踪语言的发展轨迹——随着公鸡的足迹遍布亚欧大陆各处，用于表示"公鸡"的单词"kukkut"也在不同的时期和地方传播、变化。后来梵语中的"kukkuta"、古希腊语中的"kikkos"、斯拉夫语中的"kokot"，古斯堪的纳维亚语中的"kokkr"，甚至古英语中的"cocc"都与最初的"kukkut"有着惊人的相似之处，这并非巧合。——译者注

据记载，一开始，鸡不管到哪儿都属于外来的稀有品，总能引起关注。埃及就是个很好的例子。埃及人孜孜不倦地记录下所有生物，无论是知道的、养殖过的，还是吃过的、猎过的。曾经"鸡"稀少而珍贵，但从公元前4世纪（后文会细说这段时期）起，埃及人却开始吃家养鸡的肉和蛋了。公元前4世纪之前的相关记载少得可怜，最早的是在拉美西斯九世的墓穴附近发现的"石灰石碎片"①，上面画着一只经过艺术加工的、简单而形象的公鸡。这块石头可以追溯到公元前12世纪。这个时间段还有一则记载——一篇碑文上写着——在如今的叙利亚地区，曾经有人献上一只鸡作为贡品。这份特殊的礼物是忠诚和臣服的象征。如果鸡在当时是稀松平常的物种，那它作为贡品就不会显得如此贵重。

而到了古希腊时期，斗鸡已经成了极具代表性的传统消遣活动，广受欢迎，甚至被刻画在硬币、陶器和纪念碑上。希腊文明沉迷于战斗和竞技，而鸡这种好斗的禽类恰巧体现了希腊的特质。据说，雅典的将领地米斯托克利（Themistocles）看到两只公鸡打斗的场面后，顿时无比振奋——在决战波斯之际，地米斯托克利看见两只公鸡在激烈地打斗，随即命令全军观看，

---

① 在古埃及和古希腊等古文明中，由于当时的莎草纸既昂贵又不易制作，人们经常用破碎的陶器或石灰石碎片作为"记事本"，用于做笔记、画草图、计算、写咒语或祈愿。希腊人称其为"ostrakon"，其也被用作投票放逐某人时，书写被放逐者姓名的"选票"。这也是现代英语单词"ostracised"（被放逐）的来源。

并慷慨陈词道："看！两鸡并非为家神而战，也非为祖先的丰碑拼搏，不为荣誉，不为自由，也不为后代的平安，只因另一方挡了自己的路便拼死一战！"这群希腊人深受鼓舞，全力以赴、决战到底，最终赢得了希波战争的胜利。在随后的战斗中，地米斯托克利的士兵将波斯人打得落花流水，因此斗鸡成了军队骁勇威猛、不惜一切代价夺取胜利的象征。很快，斗鸡就和希腊帝国其他血腥残忍的娱乐活动一样，受到全民的热捧。罗马作家老普林尼 ① 曾记载："其他地方有角斗士竞技表演，而珀加蒙每年举办一场公开的斗鸡比赛。"同样，为了纪念地米斯托克利的决定性胜利，雅典每年也会举办斗鸡活动。

希腊人将公鸡比作战神阿瑞斯和雅典的守护者雅典娜。这种将对手置之死地的战斗残忍又刺激，对希腊人来说不仅是娱乐，更是每位男性公民的向往。所有年轻男子都要以"观摩学习"为目的去观看斗鸡，而哲学家克利西波斯 ②（Chrysippus）也赞叹公鸡的功效："在战场上激发士兵的斗志，培养士兵对勇猛的追求。"就连希腊语里表示"公鸡"的词"alektor" ③ 也有"守卫"和"驱恶者"的含义。

---

① 即盖乌斯·普林尼·塞孔都斯（Gaius Plinius Secundus，公元 23 年—79 年），古罗马的百科全书式作家、博学家。——译者注
② 古希腊哲学家，生于公元前 280 年，逝世于公元前 207 年，开创了斯多葛学派系统哲学，是斯多葛学派哲学集大成者。——译者注
③ 这个希腊词语随后演变成"恐鸡症"（alektorophobia）的词根，借此存在于现代英语中。

希腊讽刺作家琉善①（Lucian）在作品《安纳卡西斯》（*Anacharsis*）中委婉地取笑希腊人对于斗鸡场上那种残暴对抗的迷恋："当你看见我们疯狂地痴迷于斗鹌鹑、斗鸡的时候，你会怎么想？而如果我说，我们的法律规定每个达到参军年龄的男子都必须参加或者观看斗鸡，看着这些禽鸟互相残杀，直到一方倒地不起才算罢休，你是否会笑出声？然而一切又是合理的——对危险的渴望在心中生根发芽，如此一来他们在身负重伤、筋疲力尽、四面楚歌但残存一丝气息时就能像雄鸡一样高贵骄傲、绝不言弃。"

公鸡也会出现在艺术品、雕塑和盔甲上，以彰显勇敢的主旋律——希腊步兵手持的盾牌上印有公鸡的图案，泛雅典娜节②上被作为奖品颁发的特殊双耳罐上也饰有公鸡，以象征永不磨灭的斗志。相对地，一只战败后幸存的公鸡则永远抬不起头，将一生忍受屈辱。没有比屈服更羞耻的下场，希腊语中甚至用"像只战败的公鸡"来形容生不如死的命运——奴隶般的生活。

对于希腊人来说，暴力与阳刚之气相辅相成。公鸡的打斗充满了象征意义，其不仅代表了雄性竞争，还象征着相伴相随的爱与痛苦。公鸡还代表了希腊男人最重视的四种特质——好

---

① 又译为"卢西安""卢奇安"等，罗马帝国时代的希腊语讽刺作家，生于叙利亚，著名的无神论者，其作品热衷于批判宗教迷信。——译者注

② 古希腊为纪念雅典护城女神而举办的节日，其间会举行盛大的体育、音乐和文学比赛，存在于公元前560年至公元3世纪。——译者注

斗、骄傲、性欲、警觉。最重要的是，公鸡滥交和对伴侣的控制反映了希腊人的一种怪癖——成年男子和未成年男孩之间的性关系。当时的社会并不会将"鸡奸"视为伤风败俗或者虐待儿童的行为，反而当作青春期男孩在社会和军事训练中的重大成人礼，这种思想在上层阶级的男性中尤为盛行。然而，关键在于成人和少年之间性权力的平衡。年长男性扮演主动的"追求者"角色，年幼的"情人"则是被动的，两者的地位需要明确区分，而公鸡正是希腊雕塑和饰品中对于"鸡奸"最恰当的隐喻。作为追求者的成年人通常会给年轻的情人送一件带公鸡图案的珠宝饰品，以象征追求者的主导地位和旺盛精力。

事实上，希腊人深信公鸡就是阳刚的代表，学者和巫师都把鸡睾丸当作威猛的壮阳药。例如，老普林尼在他那本内容大多取材于希腊早期文献的《自然史》(Naturalis Historia)中信誓旦旦地表示"把用公羊皮包裹的公鸡右睾丸系于身上"可有效激发男人的性欲，但他补充道："如果睾丸上先抹了鹅油或在床下放一瓶开盖的公鸡血，这个挂件就会适得其反。"

世上似乎没有"公鸡法术"治不好的病。老普林尼随后建议，可用"公鸡肉"或者"鸡脑配红酒"解蛇毒，而用公鸡汤擦过身子的人则可以"免受黑豹和狮子的袭击"。普林尼坚信，再加上一小撮大蒜的话，这个法术的效果就无敌了。而且公鸡肉魔力之强大，就连"黄金和它混在一起，都会被吸收殆尽"。有一个方子尤为残忍——要求被小人缠身的人拔掉一只活鸡的舌头，好让小人闭嘴。"公鸡法术"或许还能被用于保护脆弱的果实——公元2世纪的希腊旅行家、地理学家帕萨尼亚斯

（Pausanias）[1]记录了一种可以让葡萄免遭风霜摧残的奇特仪式："狂风呼啸之时，两个男人将一只白羽公鸡砍成两半，各抓一半，绕着葡萄藤逆向奔跑，跑回起始位置后，再一同将鸡埋入土中。"

罗马人同样为公鸡的战斗力所折服。罗马皇帝塞普蒂米乌斯·塞维鲁（Septimus Severus）[2]于公元193年至公元211年执政。他因残暴而出名。他在公元208年穿越不列颠并打算征服北方的加勒多尼亚[3]时，向手下军队下达了臭名昭著的命令："别让任何人逃脱彻底的毁灭，谁都不能逃出我们的手掌心，哪怕是母亲腹中的男婴，任何事物都不能逃脱彻底的毁灭。"为了满足帝国扩张和战争的需要，他热衷于磨炼两个年幼的儿子——卡拉卡拉（Caracalla）和格塔（Geta），鼓励他们分别养鸡，于斗鸡场一决高下。书写了扣人心弦的帝国史的罗马作家

---

① 古希腊著名旅行家、历史地理学家，生于公元143年，卒于公元176年，著有《希腊志》（*Periegesis Hellados*）。——译者注
② 塞维鲁王朝开创者，生于公元145年（或146年）4月11日，公元193年4月14日成为罗马皇帝，十分重视军事与军队，死于公元211年2月4日。——译者注
③ 苏格兰的古称或在诗中的别名。——译者注

赫罗狄安（Herodian）[1] 表示，斗鸡训练没有达到预期的效果，反而激化了兄弟之间的矛盾。

因为卡拉卡拉的童年时期充斥着雄性的暴力竞争，所以他在成年后企图发动政变，并尝试蛊惑医生毒害父亲也就不足为奇了。塞维鲁一死，卡拉卡拉便马上掌权，并着手将仍然忠于他父亲和弟弟的人处死。虽然塞维鲁主张两个儿子共同执政，但卡拉卡拉就像一只战斗中的公鸡，不完胜不罢休。几个月后，他便下令处死自己的弟弟，宣布由自己独自统治罗马帝国。

古罗马人对公鸡的勇气和力量深信不疑，因此所有人都对"公鸡宝石"（alectoria gemma）望眼欲穿。这所谓的"宝石"是公鸡砂囊中的石头，细小而光滑。为帮助分解食物、促进消化，鸡常常会吞下一些石头或沙粒。慢慢地，这些石头在胃肠道的蠕动中被打磨光滑，之后要么被吐出，要么被排泄。对于迷信的罗马人来说，公鸡的年纪越大，从它身上取得的"公鸡宝石"的威力就越大。宝石可含于嘴中、握于手中，也可整颗吞下。获得宝石的幸运星将感受到体内奔涌着旺盛的精力。这对于希望增强性能力的男人或提升魅力的女人来说尤具吸引力。老普林尼写道："它在增强性欲方面功效尤佳，能使（男性）精力充沛、身强体壮；而对于想要取悦男人的女性来说，这宝石的力量甚至更强大。"

---

[1] 又名赫罗狄亚努斯（Herodianus，公元 170 年—240 年），古希腊史学家，著有《罗马帝国史》（*Herodian's Roman History*）。——译者注

克罗托那的米罗（Milo of Croton）①是希腊著名的肌肉美男，曾六次获得古代奥运会的摔跤冠军。据说他身上就带有一颗公鸡宝石，这是"让他在体育竞技中立于不败之地的秘诀"。看来这宝石挺有用的。然而当死亡最终降临到米罗头上时，杀死他的却并非对手。他的死可谓世上一大奇事。一种说法是，米罗准备徒手掰开树干以展示力量。然而造化弄人，最初用于劈开树干的楔子掉了出来，米罗的手便被卡在了树干里。自救无门的米罗只好静待救援，但始终无人路过。那时的米罗一定怀疑他的"公鸡宝石"的法力是不是耗尽了。最终，他遭遇了恶狼的袭击，并沦为猛兽的腹中之食。

公鸡在罗马的一些怪异的仪式中也扮演着关键角色。比如雄鸡占卜就通过观察公鸡啄食的行为来预测未来。这就像是公鸡版的灵应盘，被选择的公鸡（最好是象征着纯洁的白色公鸡）负责解答人们生活中各种棘手的难题，例如公共政策如何制定，或者即将到来的婚姻能否美满等。作出重大决策的方法是，在沙子上画出完整的字母表，每个字母上放上一颗谷子，随后占卜师会记下公鸡吃谷子的顺序，仔细写下其所代表的字母，并

---

① 公元前6世纪的古希腊著名运动员，顶级摔跤手。17世纪的法国雕塑家皮埃尔·普杰以他为原型创作雕塑《克罗托那的米罗》，收藏于卢浮宫内。——译者注

拼写出答案。公鸡吃得很欢也会被视为吉兆。据记载，人们常把公鸡带去战区以预测战役的输赢。正如老普林尼所说："在公鸡首肯之前，帝国里没有哪位王公贵族敢打开或者关闭其宫殿的门……世上各国的伟大指挥官都得听凭公鸡差遣。"

古罗马政治家、罗马唯一一支舰队的司令官普布利乌斯·克劳狄乌斯·普尔彻（Publius Claudius Pulcher）在第一次布匿战争①中惨败后，不仅因为缺乏领导能力而接受审讯，还因不听公鸡的"建议"而被重重罚款。公鸡上了他的船后不吃不喝，显然预示着他们即将战败，但据说普尔彻一边高喊着"既然它们不愿吃，那就让它们喝个够！"，一边抓起这些"算命公鸡"用力扔进了海里。普尔彻能躲过更残忍的制裁，已经算是幸运的了。罗马的法律体系对罪行的判决往往残忍而具有象征意义。例如，犯弑亲罪（即杀害父母等近亲）的人会被处以"沉入水底之刑"。罪犯先要受鞭刑，然后与三种活着的动物一同被缝进布袋，再扔进深水中。共同受刑的动物有狗、鸡、蛇。罪犯被诅咒下地狱，因而被视为来自地狱的蛇入选了；但狗和公鸡难免有点冤枉，这两种因作战勇猛而备受赞誉的动物之所以被选中，是因为它们没能提醒受害者。

在被罗马将军马库斯·富尔维乌斯·诺比利奥尔（Marcus Fulvius Nobilior）围攻时，希腊小镇安布拉西亚的守护者巧妙地利用鸡（确切地说应该是鸡毛）顽强抵抗。公元前189年，诺比

---

① 古罗马和迦太基之间的第一次战争，发生于公元前264年到公元前241年。——译者注

利奥尔的军队正在摧毁希腊城镇安布拉西亚周围的城墙。但就在士兵们的破坏行动见效时，镇上勇敢的居民匆忙前来用墙砖碎片堵住缺口。诺比利奥尔怒不可遏，命令手下从围墙下挖出一条隧道来。然而这个计划被镇上的居民听见了，于是居民也开始挖自己的隧道，想要在地下与罗马人来个"狭路相逢"。两条隧道打通后，长矛横飞，但双方都无法攻破对方的防御。于是希腊人想出了一条诡计：他们将一个装满鸡毛的大陶罐拖进隧道，并将羽毛点燃，罐里瞬间涌出刺鼻的滚滚浓烟，然后希腊人再用铁匠的大风箱将烟吹进隧道。当代作家、历史学家波利比乌斯（Polybius）在《通史》（*Histories*）一书中描述这段历史时写道："计划被顺利执行。所产生的烟雾不仅量大，羽毛的特殊成分还让浓烟异常刺鼻，浓烟全都吹到了敌人的脸上。此时的罗马人既无法停下挖掘，也难以忍受浓烟，陷入了进退两难的境地。"鸡毛堆燃烧时产生的烟雾威力巨大，因为鸡毛里富含毒性强的硫黄。虽然安布拉西亚的居民最终还是向罗马人投降了，但他们的这项战术被后人铭记，成为人类历史上最早的化学战之一。

尤利乌斯·恺撒（Julius Caesar）[1] 在征战欧洲北部时写下了

---

[1] 史称恺撒大帝（公元前 100 年 7 月 13 日—公元前 44 年 3 月 15 日），罗马共和国杰出的军事统帅、政治家，罗马帝国的奠基人。——译者注

《高卢战记》(*De Bello Gallico*)。他在观察了不列颠的凯尔特部落后作出了有趣的评论:"对他们来说,吃野兔、公鸡和鹅是不合法的,他们以娱乐和消遣为目的饲养这些动物。"这则简短的评论透露出许多信息。可以确定的是,早在公元前55年恺撒的军队到达不列颠之前,鸡就已经在此地存在了,但"娱乐和消遣"的具体含义却不那么明确。有的历史学家认为这指的是斗鸡,有的则认为这指的是将鸡用于某种庆典仪式。

动物考古学家(研究古代动物遗骸的学者)在研究了恺撒时期的家禽之后,解答了这个疑问。在对这些古老的鸡骨进行年代检测后,研究人员可以确定它们是在公元前5世纪到公元前3世纪被引入不列颠的,比恺撒领军入侵的时间早了至少200年。鸡为何先到一步?目前还没有答案。一种理论认为,或许是腓尼基人为了换取生产铜器所必要的锡而把鸡带到不列颠西部和南部的。鸡在铁器时代的考古遗迹中相当罕见,而出土的鸡遗骸往往被细心厚葬,骨骼完好无损,没有常见的被食用(如被砍剁或被撕咬)的痕迹。通过骨骼分析,研究人员发现铁器时代的鸡跟阿瓦尔人的鸡一样都长寿得出奇。埃克塞特大学的一项研究发现,那时的鸡寿命长达两三年,甚至四年。相比之下,现代肉鸡的寿命只有短短的两个月。

凭借这些信息,人们开始拼凑鸡在铁器时代不列颠的形象。看来,这种动物最早来到这个国度时并不是桌上的硬菜。纵观不列颠全境以及北欧部分地区的铁器时代遗址,公鸡与母鸡的数量比很耐人寻味——3∶1。若是养肉鸡或者蛋鸡,绝不会出现这样的比例。公鸡数量远超母鸡这点也让大多数专家否定了铁器时代的人养鸡的目的是吃鸡肉和鸡蛋。

　　肉鸡中的公鸡通常不会活太久。一个鸡群里只需一只用于配种的公鸡就够了，公鸡数量过多反而会引发打斗。蛋禽群体中对雄鸟的需求是远远少于雌鸟的，因此公鸡要么在雏鸡时期被处理掉，要么在一年内被吃掉。同样地，太老的鸡不好吃，因此肉鸡通常也不会活太久。考古学家发现的鸡的遗骸中没有任何屠宰撕咬痕迹或者骨龄大的鸡骨。这说明这个文明养鸡是因为鸡具有象征性、稀缺性和竞技属性。例如，西苏塞克斯郡的奇切斯特就曾出土一枚稀有的铁器时代硬币，上面铸有一只长着人面的鸡，说明凯尔特部落和希腊、罗马人一样，也追求男性身份的象征与竞争精神。这是在不列颠发现的唯一一枚硬币，其在设计上却和在海峡对岸的法国北部发现的其他硬币惊人地相似。这也说明了两国或许曾有跨海峡的来往或者共同的文化。

　　也许，铁器时代的人将公鸡视为某种神。古希腊、古罗马和北欧原住民部落的人都信奉多神教，这些神各司其职、各显神通。虽然不同文化中的神有着各不相同的名称，但他们往往特征相近。例如，罗马人信奉的墨丘利是一位生于黎明的诸神使者，也是带领死去的灵魂前往冥界的引路人。在罗马神话中，墨丘利的图腾动物有两个，一个是象征着繁衍能力的公羊，另一个是精力同样充沛且会在破晓时打鸣的公鸡。近年来有一项十分令人动容的发现：罗马赛伦塞斯特的一座儿童坟墓中出土了一尊小而精美的公鸡铜像。这个在蹒跚学步时期就夭折的孩子穿着一双小小的平头钉鞋，旁边放着陶制的"学饮杯"和那座公鸡雕像，下葬时他被满满的爱意包裹着。考古学家认为，这对痛失爱子的父母将代表墨丘利的公鸡放在棺材里，是希望它能在孩子通往冥界的路上护其周全。

从恺撒对不列颠部落的评价中可知，他发现当地人似乎也信奉一个类似于墨丘利的神。虽然恺撒不清楚铁器时代的人如何称呼这位神，但他认为袖和墨丘利太像了，于是干脆就用同样的罗马名字来指代。恺撒写道："众神之中，他们最崇敬墨丘利，而墨丘利也拥有最多化身。"无论公鸡对铁器时代的不列颠人来说有没有特殊意义，自从公元 1 世纪罗马人入侵后，公鸡在不列颠的许多地方就成了鲜明而典型的象征。不列颠原住民在罗马的统治下生活了四个多世纪，其间罗马美学与铁器时代的艺术和宗教信仰交织在一起。罗马作为战胜国与不列颠原住民部落共存的这段时期通常被称为"罗马–不列颠"（Romano-British）时期，公鸡在其中的很长一段时间内都作为墨丘利的象征而流行。公鸡不仅充满宗教内涵，也成为理想的祭品。

1976 年，工人们在为塞文特伦特水务局挖管道时，在格洛斯特郡的乌利村边缘偶然发现了一座寺庙的遗迹。随后的两年内，考古学家挖掘出一处遗址，并发现几千年来，人们都在此举办祭拜仪式。这块地对连续好几代人都有着特殊的吸引力——新石器时代的部落在此立起石碑，随后铁器时代的人用木头建造了两座神殿，将这块地围了起来；最后闯入科茨沃尔德这个寂静的角落的罗马人又在此重建了一座供奉墨丘利的石庙。但令人惊讶的是这里埋葬着约 25 万块动物遗骸，其中公羊和公鸡遗骸的占比异常之高。这些动物的性别和年龄分布值得深入探究——羊都为雄性，年龄小，身体很健康；鸡也都是雄性，且经过精心挑选。祭祀仪式似乎多在秋天举行，或许是为了庆祝某个如今已经失传的时令节日。

作为墨丘利的化身，成千上万只健康公羊、公鸡因祭祀仪式被杀，这是当地的罗马-不列颠人与墨丘利对话的方式。虽然饲养牲畜费钱又费时，但这个仪式能致敬和取悦墨丘利，好让祂继续庇护百姓，这对族群来说至关重要。这个信仰体系的强大和持久是人们难以想象的。神庙建成后不久，他们还用科茨沃尔德当地的石灰石雕刻了一尊真人大小的墨丘利雕像立在基座上，以公羊和公鸡的石雕为伴。公元4世纪末，罗马人开始失去对该地区的掌控权，于是墨丘利雕像被推倒，摔成了碎片。但有趣的是，摧毁这座雕像的人一定还相信墨丘利或者这片土地的精神力量，所以才会小心地砍下雕像的头，并将其与公羊石雕一起埋在神庙周围的鹅卵石台下。他们还小心地将公鸡石雕的腿和身体埋在于罗马神庙原址建造的建筑物的地基里。这些人如此谨慎用心地处理墨丘利雕像的碎片，说明他们仍然相信这座雕像和旁边的石雕具有神力，无论这力量是好是坏。

另一位与公鸡挂钩的罗马神祇是密特拉。密特拉最初被视为印度-伊朗人的神，代表忠诚和正义，但在罗马帝国的鼎盛时期，祂的信奉者组成了神秘的宗教。虽然人们对这个教派的活动了解甚少，但考古学家认为罗马的密特拉教是一个只吸纳男性，且崇尚忠诚与义气的宗教。这样的理念尤其吸引军人。教内成员起初只有皇帝和军官，很快普通士兵——特别是驻扎在罗马帝国边境的士兵——也被纳入其中。

密特拉的宗教仪式到底属于什么性质，我们不得而知，但许多遗址内都存在大量用公鸡献祭的痕迹。考古证据显示，在比利时蒂嫩一座神庙中进行的一次仪式献祭了近 300 只公鸡，而在伦敦的密特拉神庙中，鸡是最常见的祭祀品。具体原因还不明了。虽说公鸡生性好斗可能是这个重视军事的宗教将其用于祭祀活动的理由，但这并非唯一原因。原始印度–伊朗语中的"密特拉"（Mithras）也拼作"Mitra"，也就是光明和太阳之神，因此选取公鸡献祭可能与公鸡会在破晓时打鸣有关。

公鸡的精神象征意义贯穿整个罗马占领不列颠的时期，但罗马帝国也开始将公鸡视为食物来源。考古证据和文献记载表明，罗马人相当擅长养鸡，且养鸡技术很快就传遍了其所占领的土地。文德兰达是诺森布里亚 ① 的一座罗马堡垒，其位于哈德良长城的南边。这片历史悠久的遗迹已经出土了 1000 多块明信片大小的木制薄板，上面记录着的日常内容提供了令历史学家无比欣喜的信息。从派对邀请到军事命令，从个人信息到啤酒单，这些来自公元 1 世纪至公元 2 世纪的潦草速记中还包括当地市场和供应商的食品购物清单。一块薄板上写着"鸡，20只……如价格合适，则买 100~200 个鸡蛋……8 舍科斯塔里乌

① 中世纪的一个盎格鲁–撒克逊王国，位于如今英格兰北部和苏格兰东南部。——译者注

斯①的鱼露……1麦斗②橄榄"，"鸡"和"蛋"赫然在列。

公元1世纪罗马的多产作家科路美拉（Columella）在巨著《论农业》（*De Re Rustica*）中以大篇幅记述了鸡的养殖。他在书中广泛而详细地介绍了人们为获取"经济回报"而研发的家鸡育种养殖新技术。科路美拉写道，希腊人最初是因为欣赏鸡的高大和攻击性而养鸡的；罗马人则更进一步，开始食用鸡肉和鸡蛋。他鄙夷地写道："我们不像希腊人那样，竭尽所能找来最凶猛的鸟类只为比赛和打斗。我们追求的是帮助勤勤恳恳的一家之主增加收入来源，而不是为了斗鸡而养鸡，像那些将全部家当压在一场比赛上，最终往往输得一干二净的赌徒一样。"其中一些来自罗德岛③和波斯的品种虽然战斗力出众，但是产蛋能力逊色，更不会孵蛋，于是罗马农民开始用来自罗马帝国各地和其他贸易合作国的公鸡和母鸡进行杂交实验。人们最期望杂交出产蛋多、长肉快的鸡，同时希望它们外貌出众、举止优雅。

罗马养鸡场的商业化程度令人惊讶。科路美拉在书中强调，要保持养鸡场内通风良好，饲料营养均衡，并宰杀病弱个体，以控制疾病，甚至还提到了商业经营方式。为了追求高到可怕

---

① 舍科斯塔里乌斯是古罗玛的液体计量单位，1舍科斯塔里乌斯相当于半升或者1品脱。
② 麦斗是罗马的计量单位，一麦斗相当于8.73升。——译者注
③ 希腊十二群岛中最大的岛，位于希腊东南部、爱琴海最东边。——译者注

的效率，无情的罗马农民还完善了城里养鸡人（也叫"家禽贩子"）用于催肥家禽的"填鸭式饲养"技术。雏鸡在农村大多是自由放养的，但之后会被送到城里的养殖场催肥。里头的小鸡就和为生产鹅肝或鸭肝而饲养的鸭鹅一样，每天被多次填喂软食或面包，它们被关在黑暗、窄小又极为拥挤的围栏中，活个三四周后就被宰杀。

罗马的许多养鸡技术看起来非常"现代"，比如人工挑选和淘汰病鸡、宰杀产蛋少和年纪大的鸡、详细记录每只鸡的产蛋量等，罗马农民通过这些方法最大限度地提高蛋鸡的产量。一些农民甚至学会了如何识别受精卵并进行人工孵化，还研发了带盖的饮水槽，为鸡提供干净的饮用水。

从畜牧业角度来看，上述许多方法都卓有成效，但罗马人却忍不住将迷信或者诡异的民间偏方引进养鸡场。科路美拉特别提到了"气囊炎"[①]，这是导致鸡张嘴喘气的多种呼吸道疾病的统称。为此，他推荐了一种奇怪的疗法："将温热的人尿抹在鸡喙上后捂紧鸡喙，直到尿的苦味将'气囊炎'产生的恶心物质从鼻孔逼出来。"那时的人认为，雷雨天气会影响鸡蛋的味道，还会害死未孵化的小鸡。于是科路美拉就提议："在养鸡箱内的鸡窝下铺上一点干草和月桂枝，用铁钉将蒜头钉在下面，这些都是防雷佳品。"人们还认为雏鸡十分容易受到邪恶力量的伤害，"要细心照料（雏鸡），确保没有毒蛇对它们吐气，以免毒气

---

① 鸟类的呼吸道疾病，患病的鸟类呼吸道会分泌大量的痰。——译者注

引发瘟疫，戕害所有雏鸡。经常燃烧鹿角精①、白松香或者女人的头发可以赶走毒蛇，这些物品的烟雾具有良好的驱蛇功效"。

对罗马人来说，鸡蛋不仅是一种食物，还可以充当黏合剂。蛋彩画这种绘画技法用的就是将蛋黄与彩色颜料混合而成的速干颜料。添加质地黏稠的蛋液，不仅让颜料涂抹起来更加顺滑流畅、粘附性更强，而且还为干燥后的颜料表面增添了耐磨的光泽。罗马人改良了蛋彩画技术，在原有配方的基础上添加了其他黏合剂（如蜂蜡和小麦糊），并将其用于装饰房屋。在考古过程中发现的古罗马社会各阶层的住宅里，几乎每个房间都有华丽的装饰和色彩鲜艳的壁画。我们总认为罗马人偏爱湿壁画（即将颜料涂在湿石膏上），但许多艺术家也爱在干燥的表面上画蛋彩画，尤其是木材。一幅现存的著名蛋彩画描绘的是还没有被大儿子杀害的塞普蒂米乌斯·塞维鲁和他年轻的家人。《罗马皇帝》（*Severan Tondo*）这幅画展现的则是更快乐的时光，画面上是年幼的卡拉卡拉和弟弟格塔，这无疑是斗鸡之余的闲时之作。后来，在格塔被卡拉卡拉的士兵暗杀后，这幅画也遭到了损坏——格塔的脸被刮掉、涂上粪便，专家认为这是一种"除忆诅咒"②，即卡拉卡拉授命其支持者"擦除"关于格塔的所有痕迹。

---

① 将鹿角磨成粉后加热会产生氨和二氧化碳。在小苏打出现之前，面包师也用这种方法发面。

② 字面意思是"记忆上的惩罚"，古罗马时期的一种刑罚，将罪人存在过的所有痕迹、功绩都抹除，是一种极大的耻辱。——译者注

当然，离开东南亚故乡之后的鸡不只向西迁徙。比跨越中东和西方文明的旅行更令人惊叹的是，鸡还曾轰轰烈烈地向东远行，穿越了广阔无垠的太平洋。探寻鸡在远隔重洋的岛屿之间穿行的踪迹，也有助于科学家和历史学家还原人类航海扩张的历程，这也是人类迁徙史上精彩纷呈但记录甚少的一大篇章。

　　现有证据表明，大约在公元前 3000 年前，一群擅长借独木舟长途旅行的渔民启程远航。这些人是现代波利尼西亚人的祖先，他们很可能以中国台湾为起点，大胆地向未知世界进发，将经过的岛屿开拓成殖民地，还带着他们赖以生存的家养动植物。到了公元前 800 年，他们的后代已经到达距离最初起点 5000 多英里[①]的萨摩亚岛和汤加岛。休养生息了 1000 年后，第二波移民浪潮甚至奔涌到了更远的东方——他们于公元 700 年征服了塔希提岛，200 年之后占领了夏威夷，于公元 1200 年又称霸新西兰。

　　最大的争议在于，这些带着鸡的波利尼西亚人沿着太平洋到底走到了多远。人们通常认为，复活节岛是这些无畏的开拓者到达的最东端。这座岛距离智利西海岸 2000 多英里，偏僻遥远，与世隔绝。公元 800 年至公元 1200 年，划着独木舟的波利

---

①　1 英里约等于 1.609 千米。——编者注

尼西亚男男女女——甚至小孩——在复活节岛登陆，带着工具、知识和打算养殖栽培的动植物。他们带来了香蕉、甘蔗、芋头还有鸡，甚至还有波利尼西亚老鼠——或许是偶然，或许是将其作为备用的食物。

　　然而，一些考古学家和遗传学家认为波利尼西亚人并没有就此止步。长期以来，人们一直在争论波利尼西亚人是否继续前进，一路穿越太平洋，比哥伦布早数百年到达新大陆。两种食物一直是争论的焦点：红薯和鸡肉，因此这场争论也被称为"鸡肉–薯条"迁徙论。原产自南美洲的红薯早在哥伦布发现新大陆之前就已出现在了南太平洋岛屿上，考古学家甚至发现了至少可以追溯到公元1100年的古代红薯残留物。一些专家提出，这些红薯是从南美海岸线意外漂到遥远的南太平洋岛屿的；但也有专家猜测，这些块茎植物是通过不同文明之间的贸易来交流的。古波利尼西亚语中的"红薯"一词为"kuumala"，而南美洲盖丘亚人则把红薯称为"kumara"、"cumar"或"cumal"。用词的相近表明这两个族群虽然在地理上相隔甚远，但或许早在哥伦布到达新大陆之前就有过接触。

　　智利海岸线一处考古遗址出土的鸡骨头也表明，波利尼西亚人和南美洲原住民在哥伦布到达之前就已经碰过面。多年来，学者们一直认为是葡萄牙或西班牙的探险家在16世纪初将鸡带到美洲大陆的。经分析，研究人员发现这些南美的远古鸡骨可以追溯到14世纪后期——至少比欧洲人的到来早了100年，而且这些鸡骨中的DNA与在汤加岛、萨摩亚岛和复活节岛发现的史前鸡骨中的DNA相似。然而最诡异的是，现代南美人的基因中暂未发现任何波利尼西亚血统。看来，波利尼西亚的开拓者在登陆后可能只是将鸡卖给或者送给了当地智利人，或者仅把鸡扔在那儿，然后自己转身回家了。

　　熟知波利尼西亚人航海技能的研究人员坚信，波利尼西亚人可能已经远渡重洋，到达南美了。如果连在茫茫太平洋中找到复活节岛这样无异于大海捞针的事都能做到，那么对这些技术高超的航海者来说，找到整个大陆的海岸线就易如反掌了。如果波利尼西亚人是从离智利最近的复活节岛出发的，那么到达智利海岸就只需要几周的时间。这对于经验丰富的船员和随船运输的鸡来说是一段轻松的旅程。

　　据说，波利尼西亚的水手通过口述史和歌曲来传授航海知识，利用星辰的指引、海洋的规律和自然的线索确定航行方向，划着舷外浮杆独木舟和带帆的双体船，在茫茫大海中航行。1976 年，一组划船队队员成功重建了一艘传统的波利尼西亚船，在没有指南针、六分仪①等任何导航仪器的情况下从夏威夷航行到塔希提岛。为观察动物和作物在航程中的情况，船上还载有波利尼西亚的"农耕套餐"——一头猪、一只狗、一只公鸡和一只母鸡，还有发芽的椰子、面包果、红薯、甘蔗根等他们认为早期波利尼西亚人会种植或利用的植物。在卡威卡·卡帕胡勒胡阿（Kawika Kapahulehua）船长的英明领导下，17 名船员仅用了 34 天就完成了 3000 英里的航程。返航时间甚至更短，仅用

---

①　测量海船或者飞机所在经纬度的仪器。——译者注

了 3 周。尽管中途船员间发生了摩擦和争吵，但动物们都安然无恙。

人们漂洋过海地运输鸡，最初是为了斗鸡还是为了吃鸡蛋或鸡肉（或者三者都是），已经不得而知了。对许多岛民来说，斗鸡仍然是喜闻乐见的消遣活动，但其历史很难考证。唯一的相关历史线索来自早期欧洲探险家的书面记录，但其篇幅很短，且记录的时间晚于鸡出现在太平洋地区的时间。例如，当意大利学者、探险家安东尼奥·皮加费塔（Antonio Pigafetta）于 1521 年第一次遇到菲律宾群岛的岛民时，他对于当地人"饲养斗鸡，在看中的鸡身上押注"的文化感到惊讶。但随后他又表达了赞许："出于崇敬，他们不会把这些鸡吃掉。有时候，他们会让两只鸡打架，双方各自给自己的鸡下注，胜者的主人将赢得所有赌注。"

威廉·马斯登（William Marsden）在东印度公司工作了 13 年后回国，并于 1783 年首次出版了《苏门答腊史》（*History of Sumatra*）。他在书中写道："人们对斗鸡的热情之高，甚至到了将斗鸡视为一项正经职业而不是娱乐活动的程度。那个国家的人在旅行时手臂几乎都会夹着一只公鸡，有时甚至会有 50 个带着公鸡的人聚在一起。他们经常为斗鸡赌上全部身家，甚至包括自己的妻女，败者会倾家荡产、陷入绝望。"然而，许多太平洋岛屿上的人也吃鸡肉和鸡蛋。1722 年，第一批欧洲人踏上了复活节岛——荷兰船长雅可布·罗赫芬（Jacob Roggeveen）和船员登陆，并在此过程中随意射杀了十几个岛民。当地人深感不安，试图利用丰盛的美食求和。罗赫芬后来吹嘘道："岛上的居民在领教了我们枪支的威力之后开始以礼相待，大方地从小屋中端出各色土生水果，如甘蔗、洋布果（Jambe Jambes）[①]、香蕉等，还有大量鸡肉。我们非常喜欢这些食物，因为它们能补气提神。"

既然波利尼西亚人曾载着鸡远渡重洋，并到达地球上最偏远的海岛，那么我们面前还有一个未解之谜——新西兰的考古遗址为何没有发现古老的鸡骨呢？如果波利尼西亚人在13世纪末或者14世纪初占领了新西兰，并且像在其他殖民地所做的那样把鸡带了过去，那么为什么找不到他们几百年来养鸡、吃鸡的证据呢？为了解开这个谜团，研究人员近期尝试用放射性碳定年法测定若干在新西兰历史遗址出土的鸡骨的年代。检验结果出人意料，这些鸡骨的骨龄异常低，估计来自18世纪下半叶，比英国占领新西兰的时间（1840年）早一些，却又远远晚于随后变成毛利人的波利尼西亚人移居的时期。最合理又令人兴奋的解释是，这些鸡是由詹姆斯·库克船长（Captain James Cook）用他的船"决心号"在1773年第二次航行时带来的。

库克经常将家养动物当作礼物献给当地部落的首领。1769

---

① 很有可能是山药。

年 10 月 8 日，库克首次登陆吉斯伯恩①时，与当地毛利人的会面并不愉快。在短短几天内，英兵就枪杀了不少毛利人，其中甚至包括当地酋长特·马洛（Te Maro）。为避免重蹈覆辙，库克在第二次和第三次到新西兰时带了些饰品和动物，以求缓解矛盾。公猪、母猪、山羊、家鸡等动物就在这个时间段被带到了这片土地上。1773 年 11 月 3 日，库克在"云雾之湾"将两只公鸡和两只母鸡献给毛利酋长。他在日记中如此描述当时的情景："他收下时神情冷漠，我不敢奢望他会善待这几只鸡。"那年，库克在全新西兰共送出 19 只鸡，但据说船员偷偷卖掉或送走的鸡数量更多。库克承认："留在岛上的鸡比我知道的要多，因为我和一些船员，将一些鸡留在了岸边，有些鸡则被卖给了能把它们照顾好的当地人。"

除了把鸡当作谈判筹码之外，库克在新西兰领土上放生家畜还有另一个更迫切的动机。虽说库克由英国皇家学会赞助的第一次航行是以观察金星凌日②为目的的科学之旅，但他随后的航行是为了给英国在新西兰和太平洋其他地区的贸易和开发铺路。库克的船员故意将猪、羊、鸡放生，好让它们回归自然，以为将来上岛交易的英国人提供新鲜野味。

---

① 毛利语：Tūranga-nui-a-Kiwa，后来库克将此地称为"波弗蒂湾"。——译者注

② 当金星运行到太阳和地球之间时，会遮挡部分太阳光，这时地球上的人能看到在太阳表面有一个慢慢穿过的小黑点，这种天象被称为"金星凌日"。——译者注

库克希望他送去的鸡能受到欢迎，但无论如何，毛利人显然不把鸡放在眼里。研究人员认为，这或许说明了毛利人直到碰上了欧洲人才开始吃家禽。在波利尼西亚人到来之前，新西兰的土地上孕育着各种奇特的陆禽，包括多种恐鸟（Moa）——小的体形如同一只大火鸡；大的高达 3 米、重 300 千克。恐鸟防御性低，不会飞，而且味道还不错，于是集这三种特征于一体的恐鸟成了让波利尼西亚人欲罢不能的食物。尽管波利尼西亚人每每在新发现的岛上建立殖民地时都带上几只鸡，到新西兰也不例外，但他们很快就发现，这片土地自带的蛋白质来源就比带来的家禽丰富。既然野外就有如此充裕的家鸡替代品，波利尼西亚人也就不需要再繁育家鸡了。

然而，在被波利尼西亚人统治的 200 年间，这些体形较大的猎物很多都因过度捕杀而灭绝了。虽然到 18 世纪为止，岛上还有海鸟、海狮、海豹、贝类、鱼类、鳗鱼等野生动物，供人食用，但库克靠岸时，毛利人可能正面临着严重的食物短缺问题。一开始，他们并不确定带去的鸡能不能起作用，毕竟岛上的物种曾经那么丰富，但很快他们就意识到，他们带去的家禽成了救命稻草。库克送去的鸡和那些被扔在岸边的鸡最后落得什么下场，已无迹可寻，但库克的担忧似乎是多余的。他一开始担心这些鸡不用多久就会被吃光，但实际上，毛利人很快就将这些鸡用于繁育和交易。欧洲人带来的不同食物——包括马铃薯、胡萝卜、卷心菜等——也成了毛利人经济和生活中的重要组成部分。

但还有一个问题：15 世纪的毛利人在意识到新西兰岛上的

大型动物都被猎杀了之后，航海经验丰富的他们为什么不远游交易，从其他波利尼西亚群体中带一批鸡回岛上呢？所有考古证据都表明，从 15 世纪中叶开始，跨越太平洋的岛际长途航行频次大幅减少。叱咤了几千年的航海壮志和驭船技术到底遭遇了什么挫折呢？一种猜测是，之前那种有利于长途航行、海况良好的"气候窗口期"在 15 世纪突然消失，之后再没出现过。没有劲风助力，波利尼西亚人和他们的家禽就无法乘风破浪。

一只母鸡能适应海上生活，无惧狂风暴雨吗？这听起来像是天方夜谭。然而这个航海故事的结局却十分圆满。2019 年，《观察家报》（*Observer*）一篇标题为《母鸡伴我行：男子带鸡环游世界》（*Have hen will travel: the man who sailed around the world with a chicken*）的报道登上头条。从 2014 年到 2018 年底，年轻的法国探险家吉莱克·苏德（Guirec Soudée）带着宠物母鸡莫妮克，昵称"莫莫"，乘一艘小型单人艇环游世界。苏德和他长满羽毛的小伙伴一同从布列塔尼出发，穿过大西洋，先后到达南极和北极，随后回家。旅行全程 45000 英里。苏德认为这趟孤独的旅程得有个伴，于是他选择了洛岛红鸡莫妮克，因为这只母鸡不仅能慰藉心灵，还能不断下蛋。

莫妮克的一个笼子在甲板上，另一个在船舱里，这样它既可以睡觉又可以蹲下休息，天气再恶劣也不怕被淋湿。旅途中大部分时间它都与苏德相伴，时而在船里上下蹦跶，时而静看世事变迁、云卷云舒。到了中途的停留点，他们会离开海面，到陆地上抻抻腿、看看风景。在格陵兰岛上，他们受困于极地冰雪，过了 4 个月的冬天。但苏德毫不退缩，不仅给莫妮克做了一个小小的雪橇，还用自己的羊毛手套给它做了一件毛衣。他们继续勇往直前，沿途碰到了北极狐，看见了驯鹿，还遇上了北极光。莫妮克不仅提供了陪伴，还下了一百多颗鸡蛋，在苏德食物极度缺乏的时候提供了救命的"盛宴"。等冰化了，苏德和莫妮克就继续漂流，他们分别成为世上穿过西北航道的最年轻的航海家和第一只鸡，连波利尼西亚人都会为他们鼓掌欢呼。

第三章

伪神与神谕

母鸡戒律

1961 年，工人正在修缮劳德代尔楼的二楼。这是一幢宏伟的都铎式楼房，位于树木茂盛的伦敦海格特地区。修缮工作进行到烟囱的炉腔附近，工人在小心翼翼地拆除深长画廊的壁炉时，竟发现了一个 400 多年前的秘密隔间。隔间很小，由砖块封起来，里头有一个酒杯、两只奇怪的鞋子、一个烛台和一段绳子。在这些看似不相干的生活用品旁边，还有四只死鸡和一颗鸡蛋，它们在此尘封了四个多世纪，无人问津。后来的分析表明，其中两只鸡先被勒死，另外两只则是活着被关进隔间里的，其中一只甚至可能在等待厄运降临时下了蛋。

这套阴森诡异的物品组合可能是一种用于抵御恶灵或巫术的“防御咒”。人们在历史建筑中发现了几十处这样的家庭祭台，祭品通常有破旧的鞋子、剪刀或其他金属工具，猫、鸟等小动物有时也会被藏在墙壁里或地板下。没有人知道这些中世纪古屋的主人是怎么想的，但他们把这些物品当作房屋防御魔咒的原因各不相同。那时的人认为，铁等物质能强力抵御邪恶力量，而利刃可以形成物理威慑。还有一些物品，如单只鞋子在传统上象征着生育和婴儿健康，而某些生物则被视为女巫的同伙或守护灵。人们希望动物死亡或物品用尽后，其灵魂能在超自然场域中被激活，从而诱捕或吓跑恶灵。

妖兽指的是被恶毒的灵魂附身的小动物，专为女巫跑腿作恶，而猫、雪貂、蟾蜍，甚至鸡都属于妖兽。剑桥郡曾发生过一起耸人听闻的"沃博伊斯女巫案"——爱丽丝·塞缪尔（Alice Samuel）和她的丈夫、女儿被指沾染巫术，并在1589年至1593年相继被绞死。指控证词大都围绕着爱丽丝和她那只棕色的鸡。人们认为，是爱丽丝派来了魔鬼，"（魔鬼）化身为一只暗棕色的鸡，并与'它们'亲密交谈。'它们'都自称是"塞缪尔母亲"的孩子（这是'它们'称呼主人的方式），是她把'它们'派来残害孩子们的。①

在17世纪东安格利亚的猎巫运动中，在英格兰最臭名昭著的"猎巫将军"马修·霍普金斯（Matthew Hopkins）的领导下，

---

① 这是在亨廷顿巡回法庭进行审判和定罪，并由其执行处决的"沃博伊斯三女巫案"中最离奇但又最有价值的发现，当事人被指控对罗伯特·斯洛克莫顿（Robert Throckmorton）律师的五个女儿和其他人施法，并对他们进行了魔鬼般的折磨；还被指蛊惑克伦威尔夫人（Lady Crumwell）致其死亡，这种指控在当时还闻所未闻。

萨福克郡共有 120 多人被指认为巫师，并被送到贝里·圣埃德蒙兹受审。霍普金斯的供词中提到很多被恶灵附身的动物，其中包括一只名叫"南"的鸡和其他无名的家禽。人们坚信这些动物是邪恶力量的化身，因此被告中有近 70 人遭到处决。

纵观历史，鸡在不知不觉中陷入了许多或好或坏的迷信思想。鸡在民间魔法中的地位摇摆不定：有时候是好运的图腾，有时候又是巫术的载具或者厄运的前兆。其中，关于蛋壳的迷信说法尤为精彩多样。公元 1 世纪的诗人佩尔西乌斯（Persius）曾嘲笑他的罗马同胞竟然相信破蛋壳有吸引邪灵的力量："然后，破裂的蛋壳让你惊慌不已，鬼魂和妖精阴魂不散，让你整夜无眠。"这种说法源自一种占卜术——用明火烤鸡蛋，如果鸡蛋在熟透之前爆裂，就一定会带来厄运。

老普林尼指出："如果有人吸食了蛋液，蛋壳就需要被立刻打破。"这种说法认为，吃完蛋壳里的东西，就必须敲碎或刺穿蛋壳，这种习俗一直延续到中世纪之后。16 世纪的法国学者阿德里安努斯·特内布斯（Adrianus Turnebus）曾警告说："如果只用针刺破蛋壳，巫师就还能伤害吃了蛋的人，因此谨慎的做法是把蛋壳压碎。"一个世纪后，托马斯·布朗（Thomas Browne）在巨作《世俗谬论》（*Vulgar Errors*, 1686）中提到了这个把头脑单纯的人骗得团团转的说法："从小，我们就被教育吃完鸡蛋要把蛋壳敲碎，且终身践行该原则。这种做法是一种迷信残留……目的是抵御巫术，防止巫师在蛋壳上涂画或者刺刻吃蛋者的名字，从而对其施以恶毒的伤害，因此人们需要敲碎蛋壳。"

更荒谬的是，有人甚至认为女巫以蛋壳为船来害人。雷金纳德·斯考特（Reginald Scot）在《巫术的发现》（*The Discoverie of Witchcraft*, 1584）一书中不仅否认巫术的存在，还为被当作女巫的人鸣不平。他在书中写道，有些愚蠢的人相信女巫会"以蛋壳、扇贝壳或贻贝壳为船，在波涛汹涌的大海中穿行"。人们认为女巫能缩小身体，爬到这种小型交通工具上。本·约翰逊（Ben Jonson）在《黑暗面具》（*Masque of Blackness*，1605）中补充了更多细节，说女巫还会以饰针作桅杆，以蛛网为索具：

> "一道电闪，一声雷鸣，
>
> 一场暴雨，一阵冰雹。
>
> 蛋壳启航，吾必归家。
>
> 一枚巨针，伫立成桅，
>
> 蛛丝薄网，飘扬为帆，
>
> 吾若穿行而不落入其网——"

　　这种古怪的说法对于身居局外的现代人来说或许颇有趣味，但在过去却害死很多人。像斯考特这样发出理智之声的人少之又少，整个 17 世纪至 18 世纪甚至到了 19 世纪，很多人还是坚持中世纪的信仰。当时连国王詹姆斯一世（King James I）和国会议员等有学识、有声望的人都对女巫的存在深信不疑，坚信女巫能"缩小身体，以蛋壳为船，借助微观世界甚至是地狱的力量，呼风唤雨，兴妖作怪"。

　　1706 年，弗吉尼亚的格蕾丝·谢尔伍德（Grace Sherwood）

成为史上最后一个被指认为巫师的人。据邻居所说，她的"罪证"之一就是乘着蛋壳漂过大西洋，到达地中海。指控格蕾丝的人表示，她到达欧洲后马上挖走了一株迷迭香，将其带回美国并种在自己的花园里，而这株植物竟然能迅速适应异国的土壤，生长繁殖。后来，弗吉尼亚的一位记者写道："虽说这株植物无伤大雅，但整件事非同寻常。只有那些骑着扫帚、夜间聚会的女巫才能乘着蛋壳漂洋过海，而女巫会对老实的居民施咒或者行恶。显然，格蕾丝·谢尔伍德就是个女巫，必须接受审判和惩罚。"

在 1818 年的《爱丁堡杂志》（*Edinburgh Magazine*）上，一位苏格兰记者对一些上了年纪的人的执念是这样评价的："在这里，他们总说女巫会结伴到挪洛威①举办邪恶的聚会。老派的人看见完整的蛋壳绝不会忘记敲碎，以免蛋壳把他们带去邪恶的彼岸。"关于蛋壳的迷信一直延续到 20 世纪。一战过后，鲁德亚德·吉卜林（Rudyard Kipling）借用了这一典故，写下了《蛋壳诅咒》②。而就在几年前，苏格兰诗人伊丽莎白·弗莱明（Elizabeth Fleming）将这种迷信写成了一首家喻户晓的童谣：

> 杯中蛋壳要敲碎，
> 保佑水手把家归。

---

① 旧时苏格兰方言中对"挪威"的称谓。

② 晚风随日落而起，浓雾伴潮水而生。北方女巫拾蛋壳，蓝色小鬼壳中卧，女巫冷言："成败全靠自己，勿求人助你一臂之力。这便是他的最终下场。"随即蛋壳下海远航。

女巫见壳忙赶来，

可怜水手命悲催。

蛋壳也是民间换生灵故事中的重要元素。换生灵指的是用来换走人类婴孩的恶灵。这个说法出现在 16 世纪后的英国——人们认为仙女或精灵会用同类调包，偷走人类的婴儿，而留下的妖精通常年纪不小，脾气暴躁。婴儿从表面上看不出问题，所以父母必须通过各种方法检验这个"孩子"是不是换生灵，比如把孩子放在烈火旁或扔在户外一夜。当然，父母检验换生灵的方式不只有虐待，还可以通过用烹饪蛋壳这一荒谬的行为逼孩子体内的恶灵大笑或说话。格林兄弟在写于 19 世纪初的《格林童话》中就讲述了一个换生灵暴露自己真实年龄和本性的古老德国民间故事：

精灵把一个孩子从妈妈的身边夺走了，取而代之的是一个目光呆滞的换生灵，它每天除了吃喝什么也不做。走投无路的妈妈向邻居求助。邻居让她把孩子带到厨房，放到壁炉边上，然后生火，在两片蛋壳中煮水。这样能让换生灵发笑。而一旦他笑了，就完蛋了。女人谨遵指示，将盛满水的蛋壳置于明火上烧，于是换生灵开口说："我活得与西风林一般久了，还从来没见过谁用蛋壳煮东西的！"说完便放声嘲笑，笑着笑着，一群小精灵突然出现，把真正的孩子带回来放在壁炉旁，带走了这个换生灵。

在海峡对面的英国也有同样的"整治"换生灵的方法。1892年，民俗学家约瑟夫·雅各布斯（Joseph Jacobs）编写了一本凯尔特民间故事集，书中也有同样的故事，只是人物变成了一对双胞胎婴儿，地点也转移到了威尔士波伊斯的一个名叫特里内格卢伊斯的村庄。在雅各布斯版的《蛋壳浓汤》（*Brewery of Eggshells*）中，一位母亲用蛋壳煮肉汤，并假装把蛋壳浓汤送给一群割麦人。这么一点食物显然喂不饱一群饥肠辘辘的农民，于是双胞胎中的一个就对另一个喊道："橡树底下有橡果，母鸡身下有鸡蛋，从不见那割麦人，蛋壳浓汤做晚饭。"随即，这位母亲抓起这对婴儿扔进河里，精灵这才把真正的孩子带上岸，还给母亲。

蛋壳在逼出换生灵的仪式中不可或缺。人们长期以来一直相信蛋壳能吸附邪恶力量，这也促使人们发明出引恶灵现身并将其捕获的防御咒。这样的"恶魔陷阱"不胜其数，研究人员在伊拉克和伊朗的考古遗址中就发现了一个。多年来，这两处遗址出土了多个源自16世纪至18世纪的被称为"咒碗"的防御咒器具，即将陶碗倒扣在一片刻有名字的蛋壳上。随后，人们会把陶碗埋起来，希望能引来恶灵——特别是那些害人损物的，并将其消灭。虽说这种巫具大多来自中世纪，但这种巫术却早在罗马时期就出现了。例如，在土耳其的萨迪斯镇于公元17年的地震中化为废墟后，居民在重建家园时决定在地基下放置咒碗和蛋壳，从而诱捕引发地震的恶灵。

对迷信的人来说，空蛋壳既蕴藏危险又能化解危机，而完好无损的鸡蛋则是宗教世界中一大重要象征。在许多文化中——包括一些最古老的文明，鸡蛋代表了世界或宇宙的诞生，象征着潜力以及从无到有的过程。沉睡多时的小鸡出生，也是"重生"和"复兴"的有力象征。例如，古希腊神话中的第一个神祇就是从一枚宇宙银蛋中孵化出来的：时间之神柯罗诺斯孕育了"俄耳甫斯蛋"，并从中孵化出创世神法涅斯。

"创世蛋"版的宇宙观存在于世界上的各种信仰和哲学体系中：通常是从一颗蛋中孵化出最初的神，并由祂造出地球、祂的子民以及天堂。在中国神话中，创世神盘古从形如鸡卵的混沌之中降生；类似地，非洲多贡人的版本则是一颗创世蛋孕育了两对双胞胎；在塔希提神话中，至高神、造物主塔阿罗阿从一颗宇宙蛋中钻出来后，用蛋壳和自己的身体建造了部分世界。古代的埃及、日本、班图、斯拉夫、印度、芬兰等看似相隔甚远的文明中都存在相似得惊人的说法。

此外，虽然基督教的教义中并没有提及"创世蛋"，但这个概念众目昭彰。18世纪中期的法国学者安东尼·古·德·杰柏林（Antoine Court de Gébelin）曾写道，复活节送彩蛋的习俗可以追溯到埃及、波斯、高卢、希腊、罗马等文明中的早期神学，"在这些文明的神话故事里，鸡蛋都是宇宙的象征，是至高神的杰作"。杰柏林认为，基督教徒之所以用蛋和鸡作为复活的象征，是因为这是耶稣入葬后死而复生的最直接而贴切的隐喻。

　　鸡蛋在复活节的庆祝活动中也占据重要地位。复活节前的禁食期被称为"大斋节"（Lent），而鸡蛋就一直在禁食名单上。大斋节的来源已经难以追溯了，但到了公元4世纪，这项为期40天的禁食习俗已经在基督徒间广泛地流行。大斋节期间，教徒不许喝酒、不能吃肉，连动物产品也不能碰，以此致敬在沙漠中禁食40天的耶稣。人们会煮熟这期间产下的所有鸡蛋，从而将其留存到可以恢复正常饮食的复活节，随后便出现了装饰水煮蛋的传统。这一传统或起源于从东罗马帝国发源的早期东正教。信徒将鸡蛋染成红色，以象征耶稣受难时流的血。这种习俗在希腊、中东和斯拉夫文化中仍旧普遍存在。

　　16世纪的作家理查德·哈克卢伊特（Richard Hakluyt）在著作《英格兰民族重要的航海技术、航行和发现》（*The Principal Navigations, Voyages and Discoveries of the English Nation*）中提及这一神圣传统时，为其增添了几分暖色。在这本汇集了来自天涯海角的真实探险故事的书中，他曾如此描述俄国人："他们每年复活节前都要用巴西木料将大量的鸡蛋涂成红色，每个人都要在复活节的早晨将上色的鸡蛋送给教区的牧师。这是他们一直恪守的复活节习俗。"这个仪式的一大乐趣在于以交换彩蛋的方式传递感情。"在复活节期间相遇的好友会牵起彼此的手，一人会说：'我们的主耶稣复活了！'另一个人则回答：'确实如此。'两人随即相互亲吻、交换彩蛋，不论男女，这样的亲吻仪式要持续四天"。

　　在今天的俄罗斯，交换彩蛋仍是复活节的重要习俗。然而，最耀眼的彩蛋当属罗曼诺夫王族在19世纪末至20世纪初制作的礼品。一位维多利亚时代的旅行者曾惊叹道："（这些）复活节彩蛋用上了几乎所有叫得上名的材料。在皇家玻璃切割工厂，我们看到两个厂房里挤满了专职负责在水晶蛋上雕刻花朵和人物样式的工人。其中一部分彩蛋是皇帝和皇后用于赏赐朝臣的。"

众所周知，沙皇的家人会相互赠送由宫廷珠宝商彼得·卡尔·法贝热（Peter Carl Faberge）设计的彩蛋。他精美的作品将互送彩蛋这一普通的民间传统升华成高雅的艺术形式。法贝热的作品"第一只母鸡"于1885年成为沙皇亚历山大三世赠予妻子的礼物，好让她将宫墙外的政治动荡抛诸脑后。这只彩蛋由黄金制成，表面覆盖着白色珐琅，内含一颗金色蛋黄，蛋黄里藏着一只眼睛处镶嵌着红宝石的小金鸡。这只小金鸡也可被打开，其内还有两个惊喜：一顶嵌有钻石的微型金皇冠和一条迷你红宝石项链。这份礼物成功捕获了收礼者的芳心。它是1885年至1916年沙皇送出的50枚法贝热复活节彩蛋中的第一枚。然而，在20世纪初的沙俄，作物歉收，百姓挨饿，法贝热彩蛋逐渐成了与人民脱节的精英统治阶层的缩影。1917年布尔什维克革命后，这些彩蛋有的在被没收后出售，有的则消失得无影无踪。在法贝热于沙皇时期制作的50枚彩蛋中，有43枚成为私人或博物馆藏品。另有7枚①下落不明，成为"世上最贵复活

---

① 一开始有8枚彩蛋失踪。近期美国一个废金属商人抱着投机的心态从跳蚤市场买回一个花哨的黄金彩蛋，想着将金属熔化，再卖了赚笔快钱。只消从网上查一下这颗彩蛋的特征就能轻易发现，它是第3枚沙皇彩蛋，是在1887年，"第一只母鸡"问世后两年做成的，后来于2014年被转手出售，虽然价格未被公开，但人们相信成交价超过2000万英镑。

节彩蛋回收行动"中最后的失踪珍品。

自中世纪以来，在节日赠送装饰用的鸡蛋也一直是英国的一项传统。最早关于复活节彩蛋的记载来自爱德华一世 1290年的家庭账目——他下令将 450 个用金箔包着的煮蛋赠送给王室成员。爱德华一世将其称为"复活蛋"（pace eggs），这个说法在英格兰北部流传，并被一直沿用至 20 世纪。"Pace"是拉丁文"pascha"的变体，而"pascha"又衍生自古希伯来语的"pesah"，即"逾越节"。在兰开夏郡、约克郡和湖区南部等地区，贫穷的村民在装扮一番后会开始"复活节讨蛋"活动，即为筹集复活节餐食而挨家挨户乞讨。他们就像万圣节时那些说着"不给糖就捣蛋"的孩子一样，乔装打扮或把脸涂黑，上门背诵一首短诗，祈求屋主施舍一小片熏肉、一小块奶酪或一颗水煮蛋：

> 两三快乐小男孩，几人一条心，
> 今日扮成复活蛋，愿您发善心。
> 望您慈悲好施舍，赐鸡蛋浓酒，
> 来年复活节之前，再无事相求。

然而，自从 1531 年《乞丐和流浪者处罚法》（*Vagabonds Act*）颁布后，身体健全的贫民从事乞讨在英格兰成了违法行为。为了规避法条，以前的复活节乞讨者只能通过戏剧表演来筹集善款。戏剧围绕死亡和复活的主题展开，其内容多是中世纪神话剧或者圣经故事，配以温和的舞蹈、对战斗场面的模拟和粗俗的歌曲。戏中经常出现小丑的角色，如"医生""奥德·贝特"（Owd Bett）和名字奇特的"老酒鬼"（Old Tosspot①）。

数百年来，鸡蛋与复活节紧密地联系在一起，但有一个复活节传统也许并不如人们想象的那般古老。古代异教中的春之女神奥斯塔拉（Ēostre）和她忠诚的兔子都被视为生育和新生的象征。人们认为"复活节兔子"指的就是奥斯塔拉身边的那只兔子。这种猜测主要来自新异教。公元8世纪的博学僧侣比德（Bede）记录了盎格鲁-撒克逊部落在基督教到来之前，给每个月份的不同名字，其中四月曾被称为"奥斯塔拉月"（Ēosturmōnaþ），部落还会为纪念奥斯塔拉举办盛宴。虽然学者们认为比德对这位异教女神的描述不无道理，但实际上他并未提及"野兔""鸡蛋"等任何如今为人们所熟悉的复活节关键词。

实际上，最早关于下蛋兔子的明确记载是后来才出现的。1682年，德国医生、植物学家格奥尔格·弗兰克·冯·弗兰克肯瑙（Georg Franck von Franckenau）描述了日耳曼民族寻找复活节蛋的民间传统："他们将这些蛋称为'野兔蛋'（die Hasen-Eier）。当地儿童以及单纯的人相信，'复活节野兔'（der Oster-Hase）会在花园的草丛、灌木丛等地方下蛋，孩子们因此会在那附近急切地寻找这些蛋，大人则在一旁笑得很开心。"复活节兔子

---

① "Tosspot"是中世纪用于辱骂醉汉的有趣说法，指的是猛灌烈酒的酒鬼。16世纪剧作家乌尔皮安·富尔韦尔（Ulpian Fulwell）曾写道："如果一个穷鬼辛苦一周挣了点小钱，那么他会在一小时内用这些钱喝个烂醉（tossing the pot）。"

和各色彩蛋的习俗在 18 世纪随着德国西南部的移民去往美国，并很快成为一种家庭传统。几十年后，生于德国的肯特公爵夫人——维多利亚女王的母亲——又将复活节兔子带往英国海岸。1833 年，十几岁的维多利亚深情地描述了在肯辛顿宫进行的寻蛋活动："妈妈做了些漂亮的彩蛋和饰品让我们找。"嫁给阿尔伯特后的维多利亚女王为了逗孩子们开心，也将这个传统延续了下去，她把鸡蛋藏在"小苔藓篮"里，让孩子们在濯足节时寻找。

鸡蛋让人联想到创世神话和生育能力，因此也很适合被用于爱情占卜、吸引伴侣以及获取芳心。大英图书馆丰富的馆藏之中就有一些来自 17 世纪的医学和卡巴拉[1]处方。其中包括一条能催化爱情、协调婚姻的希伯来语处方："这是能促进夫妻感情或帮助'被下咒'（即阳痿）的男性的处方：取泉水、酒、没药[2]、胡椒，再打两颗鸽子蛋、两颗鸡蛋，混合在一起，让男人和女人喝下，两人将情浓意深。"

英国民间传说中也有"鸡蛋占卜学"这种用鸡蛋进行的浪漫占卜形式。在 17 世纪，年轻男女将蛋清滴入水中，随后解读蛋清旋转产生的形状——不同的图案代表了未来伴侣的不同

---

① 基督教出现前在犹太教内部发展起来的一套完整的神秘主义学说。——译者注
② 一种橄榄科植物，其树脂常用于制作香水。——译者注

职业或性格。20世纪初，来自丹麦的欧洲民间传说收集者埃德温·拉德福德（Edwin Radford）和莫娜·拉德福德（Mona Radford）表示，类似的占卜仪式于19世纪在丹麦出现——新年前夜，年轻男女会取一颗新下的蛋，用针刺穿较尖的一端，再往一盆或一碗水中滴3滴蛋清，让其在水面上散成奇妙的树状——据称从蛋清的形状可看出一个人的运气、未婚夫（妻）的性格，甚至在一段婚姻中会有几个孩子。

鸡蛋占卜也需择良日，例如元旦或仲夏日（Midsummer Day）①，但最普遍的还是在圣亚尼节前夕（St Agnes Eve）②进行。传统上，每年的1月20日为圣亚尼节前夕，未婚女子会在这天晚上进行一场仪式——吃下蘸盐的蛋壳后倒着走到床上，以求梦到未来的丈夫。约翰·济慈（John Keats）在《圣亚尼节前夕》（The Eve of St Agnes）一诗中描写过这一传统：

老妈妈讲过，在圣亚尼节前夕，
年轻姑娘能见到爱人的影像，
能接受情郎缠绵的柔情蜜意，

---

① 也称"施洗约翰节"，每年的6月24日，英国四大结算日期之一。——译者注

② 亚尼是一位处女殉道者，也是贞洁和年轻女性的守护神。据说，亚尼是罗马贵族出身的美丽少女，受到众多追求者的追捧。一名男子因她的拒绝而心存不满，便以她成为基督徒为由指控她，让亚尼被判处火刑。这位年轻的烈士被绑在木桩上，但木头无法点燃，守卫只能将她斩首。人们认为她死时只有十二岁或十三岁。

在这节日前欢愉的午夜时光。①

人们之所以会从鸡蛋联想到爱情，或许是因为鸡下蛋具有季节性。如今商业化饲养的蛋鸡一年四季都能产蛋，但以前的母鸡到了冬季需要休息很长一段时间，春天才开始产蛋。人们通常认为，最优质的母鸡会在 2 月 14 日情人节这天开始产蛋；在接下来的两个星期里，反应较慢、产量较低的母鸡也会恢复产蛋；到了 3 月 1 日圣大卫日或 3 月 2 日圣查德节，所有母鸡都应该开始下蛋了。正如一本民间传说历书所记载的："到了情人节，每只优质的鸡、鸭、鹅都应该下蛋；到了圣大卫日和圣查德节，无论何种品质的鸡、鸭、鹅都应该下蛋了。"

正如鸡蛋代表女性的生育能力，中世纪的公鸡则是男子性能力的代名词。1670 年，一首名为《年轻勇士的导师，又名欢笑邀请》(*The Young Gallants Tutor, or, An Invitation to Mirth*) 的接地气的歌曲唱的就是酒鬼选酒的事："我们的心为爱与好酒欢呼——加纳利甜酒②和干红葡萄酒，公鸡麦酒和三月啤酒。"啤酒、干红和加纳利（一种类似雪利酒的酒）是如今的人们所熟知的饮品，但"公鸡麦酒"已经失传。最早的麦酒配方之

---

① 引用自屠岸译版《济慈诗选》（北方文艺出版社，2018）。——译者注
② 原产于加纳利群岛的甜味烈酒，在十六和十七世纪非常流行。本·琼森（Ben Jonson）在诗作《邀请朋友共进晚餐》(*Inviting a Friend to Supper*, 1616) 中提道："一杯纯正的加纳利葡萄酒，现在属于美人鱼酒馆，但即将属于我。"如今最接近加纳利的酒是兰萨罗特岛生产的一种名为"玛尔维萨加纳利"的甜酒。

一来自肯尼姆·迪比爵士（Sir Kenelm Digby）。迪比是英国杰出的侍臣和外交官，同时他也写了一本有名的烹饪书《博学的肯尼姆·迪比爵士的壁橱大揭秘》（*The Closet of the Eminently Learned Sir Kenelme Digbie Kt. Opened*）。这本书是在他去世后，由他的忠仆于 1669 年出版的。其中，他的公鸡麦酒配方如下：

> 公鸡麦酒配方：取 8 加仑[①]麦酒，一只煮熟的三月公鸡备用；取 4 磅去核葡萄干，2~3 颗肉豆蔻，3~4 片肉豆蔻衣和半磅枣，放于研钵中捣碎，加入 2 夸脱[②]上好的雪莉白葡萄酒；最后加入麦酒和公鸡，密封 6~7 天后装瓶，一个月后可饮用。

这种配香料的甜酒味鸡肉汤似乎不像是能按品脱计算的饮料，但英国的男男女女都为其功效打包票。内森·贝利（Nathan Bailey）在《不列颠辞典》（*Dictionarium Britannicum*，1736）中对公鸡麦酒的描述是："这是一种令人愉快的饮料，据说有催情作用。"而维多利亚时代的一本有趣的俚语书则称之为"家用春药"。17 世纪后期的男人显然最需要这种补剂。1674 年于伦敦发行的宣传册《妇女反对咖啡的请愿书》（*The Women's Petition Against Coffee*）中提出了一个骇人听闻且颇具争议的说

---

① 容量单位，1 加仑（英制）约等于 4.55 升。——编者注
② 容量单位，1 夸脱（英制）约等于 1.136 升。——编者注

法：咖啡会使伦敦的男人阳痿。这一说法可能是为了打击反对派在咖啡馆聚会，带有政治目的，却以粗俗的讽刺形式流传。宣传册中呼吁禁止 60 岁以下的男性喝咖啡，而鼓励他们喝"公鸡麦酒"来调剂卧室里的氛围，从而避免伦敦的男人被"戴绿帽"。

古往今来，男人的性能力一直与公鸡的形象深深捆绑在一起。本书第一章中提过的自然学家乔治·路易·勒克莱尔在他 19 世纪初出版的著作中评论说，历史上任何与同性发生性接触的公鸡都不受待见，并指出："普鲁塔克（Plutarch）曾提到一条法律：出现这种非自然行为的公鸡应该被活活烧死。"母鸡做出像公鸡的行为也是不祥的征兆——这预示着允许妇女发声，有潜在的危险。对此，17 世纪的美食作家格瑟姆·马克汉姆（Gervase Markham）曾建议道："家里的母鸡偶然打鸣是一种邪恶、反自然的病症。此时应立即扯开它的翅膀，并把烧焦的小麦和白垩粉的混合物喂给它吃。"这种论调一直延续到 20 世纪的传统谚语中。英国有个说法："女人吹口哨和母鸡打鸣一样，上帝和男人都看不上。"到了美国则变成："女人吹口哨和母鸡打鸣一样，不会有什么好下场。"

1474 年，瑞士巴塞尔市的人民起诉了一只公鸡并对其进行审判。他们指控这只公鸡"犯下'下蛋'这项令人发指的反自然罪行"，需判以火刑。公鸡下蛋十分反常，因此人们处决这只鸡的时候"就像将异教徒送上火刑架上一样严肃，城里和乡下的很多人都前来观看"。人们认为他们的担忧十分必要：在他们看来，公鸡下的蛋是巫术的载具，会被在恐怖的魔咒中使用。此外，公鸡蛋一旦孵化，就会生出寇克奇斯（Cockatrices）或巴西利斯克（Basilisk）——神话中鸡头蛇尾的妖兽。它们只需一个眼神或一口气便能杀死所有生物。然而，若是谁有幸能捕杀一只，把它烧成灰烬后便可用其炼金。12世纪的本笃会 ① 僧侣西奥菲勒斯长老（Theophilus Presbyter）曾信誓旦旦地写道，阿拉伯炼金术士刻意培育妖兽。他们会诱捕两只年老的公鸡，不断填喂它们，直到两只公鸡交配后产下巴西利斯克。为了炼金，他们还需要用巴西利斯克的灰烬、人血、铜和醋调制出浓烈刺鼻的混合物。对于中世纪的百姓来说，"公鸡下蛋"一定是神秘事件。但现代科学已经表明，母鸡也可以因变异而产生公鸡的特征。在卵巢受损的情况下，母鸡会开始分泌雄性激素，出现公鸡的行为和特征，如开始长公鸡的羽毛、鸡冠，甚至会像公鸡一样打鸣，但仍然能够产蛋。

巴塞尔人因为公鸡的性取向而对其进行审判，而关于"公鸡蛋"的迷信则是源自"无黄蛋"这种并不算罕见的怪事。小母鸡6个月大开始产蛋，头一窝蛋往往体积小且无蛋黄。这些不完整的无黄蛋永远无法孵化出小鸡，因此被当作是公鸡下的蛋。一些家禽养殖户仍将这些蛋称为"仙蛋"、"屁蛋"或"巫蛋"。在一些文化中，这种迷信不仅没被遗忘，反而一直流传了下去。社会人类学家在20世纪末记录了喀麦隆曼比拉人的相关言论。一位村民解释道："哦，没错，公鸡会下蛋，但是很小。

① 又译为"本尼狄克派"，公元529年由贵族出身的意大利人本笃（本尼狄克）所创，会规要求会士绝色（不婚娶）、绝财（无私财）、绝意（严格服从）。——译者注

愿意的话你也可以吃掉，但你要编个小篮子装鸡蛋，然后把篮子挂在十字路口。这样你的鸡才会长得又好又肥，不会死掉，而且会下很多蛋。"

　　公鸡在"不合适"的时间打鸣也被视为不祥的征兆。被认为于公元 1 世纪，由罗马朝臣盖尔斯·佩特罗尼乌斯·阿尔比特（Gaius Petronius Arbiter）创作的小说《萨蒂利孔》（*The Satyricon*）中，就有一个角色在听到鸡啼后惊慌失措："他在滔滔不绝的时候听见了公鸡鸣叫！"特里马尔乔为此十分害怕，命令手下将酒杯扔到桌子下面，把酒洒在灯上，甚至还把他的戒指从左手换到右手。他说："公鸡这个号兵不会无缘无故地叫的，要么就是附近发生了火灾，要么就是有人即将丧命——但愿不是我们中的谁吧！"

　　300 年后，早期教会领袖、君士坦丁堡大主教圣金口若望（St. John Chrysostom）因人们仍旧相信这种自然征兆而感到绝望。公元 4 世纪时他愤怒地写道："希腊人永远长不大，他们花大力气追求财富，却以为仅仅一声鸡鸣就能让整个世界毁灭。"在整个中世纪时期，人们对公鸡打鸣都十分在意。到 19 世纪为止，人们还认为公鸡在错误的时间打鸣——尤其是夜间——预示着不祥。在托马斯·哈代（Thomas Hardy）1891 年出版的《苔丝》中，女主人公苔丝的婚礼当天出现了公鸡啼叫，预示着她死亡的到来：

"原来有一只红冠子、白翎毛的公鸡，飞到房前的木篱上，离他们不到几码远，朝着他们叫了一声，起初声音很高，一直钻到他们的耳鼓里，后来慢慢低微，像岩石山谷里的回声一般。'哦？'老板娘说，'过晌儿还有鸡叫！'场院的栅栏门旁，站着两个工人，给他们把门开着。'这可不吉祥。'这一个悄悄地对那一个说。"①

公鸡不合时宜的打鸣声可能会让我们的祖先不寒而栗，而在合适的时机响起的"公鸡闹钟"则一直被视为吉兆。祆教②（Zoroastrianism）是影响了犹太教、基督教和伊斯兰教教义的一大古老神教，该教的信徒就视公鸡为神。这种信仰可以追溯到史前的印度–伊朗时期，相信善与恶同时存在于宇宙和人类灵魂之中，并不断斗争。

在祆教的核心经典著作《阿维斯塔》（Avestra）中，公鸡象征着勤劳和机敏，是黎明的使者。在所有家禽中，当属公鸡最为神圣，它训诫人类克服懒惰，勤奋早起，与永远清醒的斯劳沙（Sraosha）并肩而行。公鸡同时也是家庭幸福的核心。祆教教徒的家庭理想是"一家之主与妻儿共同生活，家中犬牛苗壮成长，柴火兴旺，修德立身，幸福安康。美满家庭可添公鸡一

---

① 引用自张谷若译版《德伯家的苔丝：一个纯洁的女人》（人民文学出版社，2020）。——译者注

② 又译"琐罗亚斯德教"，基督教诞生之前在中东最有影响力的宗教，中国史称祆教、火祆教、拜火教。——译者注

只，黎明时分唤醒全家人"。

在中国神话中，公鸡也是一种品德高尚的动物。鸡被誉为"五德之禽"，具有文德、武德、勇德、仁德和信德。红色鸡冠象征着仕途中的乌纱帽，是为文德；足后有距能斗，是为武德与勇德；勤勤恳恳地保护母鸡、遇食物就招呼同类，是为仁德；而它报晓从不失时，又向世人展现了信德之重。有趣的是，汉语中的"鸡"与"吉"读音相近，因此许多人也视鸡为吉祥之物。

《圣经》中的公鸡背负了许多含义。据《新约》记载，在与门徒共度最后的晚餐时，耶稣曾预言西门彼得将在第二天早上公鸡打鸣之时不认他。据《马太福音》所述，彼得坚持说："众人虽然为你的缘故跌倒，我却永不跌倒。"耶稣回答："我实在告诉你：今夜鸡叫之前，你要三次不认我。"但彼得信誓旦旦："我就是必须和你同死，也绝不能不认你。"而从《圣经》中可知，在耶稣被捕后，彼得确实三次不认他，且在最后一次否认时听到了公鸡的鸣叫，幡然醒悟的彼得不禁泪流满面。

基督教故事中，彼得在耶稣复活后又重新效忠耶稣，成为教会早期领导人之一，死后被追封为第一任教皇，被后世尊称为"圣彼得"。公鸡成为圣彼得的象征，代表了被基督赦免罪孽以及驱赶邪恶力量和重新开始的能力。于公元858年上位、效忠上帝至死的教皇尼古拉一世（Pope Nicholas I）命令每座教堂都要设立一座公鸡雕像，以警醒教徒勿忘彼得的故事。直到今天，许多教堂的尖顶上仍然装着公鸡风向标。

现存最古老的公鸡风向标来自意大利布雷西亚的圣徒福斯蒂诺和乔维塔教堂的钟楼。这个来自公元9世纪的风向标守护了钟楼 1000 多年，直到 19 世纪末才被移走，并被存放在镇上的博物馆里。而最具代表性的风向标，要数静立于巴黎圣母院尖顶的那个。据说这只镂空的铜制公鸡内含三件宗教文物：法国巴黎主保圣人圣但尼（Saint Denis）和圣日内维耶（Sainte Geneviève）的遗物以及残存的荆棘王冠。神奇的是，尽管 300 英尺高的木制尖顶在 2019 年的巴黎圣母院大火中倒塌，但顶上的铜制公鸡却奇迹般地落在人行道上，幸存了下来。铜公鸡虽有凹损，但仍然完好，这对教徒来说显然是有力的神谕。

迎接崭新一天的公鸡自然会被宗教与光明和精神觉醒联系起来。12 世纪的神学家圣维克多的休在他的《教会的神镜》（*Mystical Mirrour of the Church*）一书中写道："沉睡者是这个世界的孩子，躺在罪孽中。公鸡是传道者的好帮手，以嘹亮的鸣声传道，劝说沉睡者脱离黑暗的蛊惑，也预示着光明的到来。"公鸡的鸣叫能驱散黑暗势力，这种印象也深深地烙在民间传说中。例如，在英国民间传说中，在基督教开始在萨塞克斯郡兴起时，魔鬼决定挖一条巨大的沟渠，引入海水来淹没居民。挖掘的过程中，他把大块的土扔在身后，创造出拉克姆山和钱克顿伯里环等许多当地的地标。一位老妇人点燃一根蜡烛，逼迫家里的公鸡打鸣，使魔鬼以为天已经亮了，于是沟渠挖到一半魔鬼就被吓走了。

19 世纪末，著名的凯尔特研究学者约翰·里斯爵士（Sir John Rhys）记录了威尔士和马恩岛①民间的传统精灵信仰。在人

---

① 又译为"曼岛"，位于英国与爱尔兰之间的海上岛屿。——译者注

们的想象中，这些来自另一个世界的精灵顽皮而善变。它们在夜间调皮捣蛋，但公鸡一啼叫就能把它们驱散。里斯爵士写道："在午夜时分，它们从每个山丘和山谷的地面冒出来，拉着手围成圈，放声歌唱、肆意舞蹈，直到鸡啼时才消失不见。"看过莎士比亚《哈姆雷特》前几幕的观众会明白为什么鬼魂在听到公鸡的叫声后会消失。勃那多、霍拉旭和马西勒斯之间的对话就体现了公鸡赶走鬼魂的力量：

勃：它正要说话的时候，鸡就啼了。

霍：于是它就像一个罪犯听到了可怕的召唤似的惊跳起来。我听人家说，报晓的雄鸡用它高锐的啼声，唤醒了白昼之神。[1]

然而，人们并非对公鸡的各种品质都照单全收。一个人的骄傲在另一个人眼里就是自大。而公鸡趾高气扬、自信满满的样子，使它常常被写进寓言当中。其中最著名的要数 12 世纪一则关于狐狸和公鸡的寓言故事《列那狐的故事》（*Roman de Renart*）。故事中的狐狸列那潜入鸡圈觅食，母鸡立刻一哄而散，但胆量战胜了头脑的公鸡钱特莱尔却仍然站在原地。狐狸决定

---

[1]　引用自朱生豪译版《哈姆雷特》（浙江教育出版公司，2019 年）。——译者注

哄骗公鸡一展歌喉。公鸡闭上眼睛，伸长脖子准备打鸣时，狐狸扑了上去，叼着公鸡的脖子就跑，农夫在后紧追不舍。随后，公鸡以其人之道还治其人之身，激狐狸向身后的农夫破口大骂。按捺不住炫耀冲动的狐狸终于还是张开了嘴，公鸡趁机逃之夭夭。

这则故事寓意明确：警惕虚伪奉承，骄傲之人必然受挫。这个主题在后续的改编版本中依旧能引发读者的共鸣，无论是乔叟在 14 世纪末写的《女尼的教士的故事》（*The Nun's Priest's Tale*），还是约翰·德莱顿（John Dryden）在 1700 年出版的《公鸡和狐狸》（*The Cock and the Fox*）。擅长讽刺宫廷政治的德莱顿显然将公鸡的教训铭记于心："寓言简单道理深，莫要轻信忌大意；口蜜腹剑需提防，谄媚之辈要远离。"

"掷公鸡"是一种在英国非常流行的消遣方式，尤其是在忏悔节①。一位佚名记者在 1737 年发表的《在忏悔节上掷公鸡的本意调查》（*Enquiry into the Original Meaning of Cock-Throwing on Shrove-Tuesday*）中描述道："用专门的器具抽打绑在木桩上的公鸡，是不列颠岛上特有的、一年一度的流行消遣活动。"这个残忍的游戏规则简单：人们将一只倒霉的公鸡用绳子绑在柱子上，轮流向它扔石头或扔一种被称为"公鸡棍"的特制加重木棍。参与者只需支付几枚硬币就能获得三次投掷机会，投出致命一击的即为胜者。又或者，如果你将这只可怜的鸡打倒，只要能

---

① 基督徒反思忏悔的节日，每年大斋节首日之前的星期二举行。在英国又被称为"煎饼星期二"（Pancake Day），人们在这一天要将斋戒期间禁止食用的肉、油用完。——译者注

在它重新站起来之前把它抓住，这只鸡就是你的。

选用鸡作为攻击对象的原因很有意思——可能与英法之间的世仇有关。几个世纪以来，英法两国恩怨不断。1327 年至 1377 年在位的英国国王爱德华三世曾为争夺法国王位继承权而发起百年英法大战，两国的斗争持续了好几个王朝。公鸡的拉丁文"Gallus"很不幸地与高卢人（Gallus）相同，"因此，没有比公鸡更能代表高卢人的了""（英国人）巧妙地借公鸡泄愤，对法国人进行羞辱和鞭笞，与法国人同名的公鸡会遭到野蛮残害也就不足为奇了，虽然它们无辜至极"。

公鸡与法国的关联或许是让英国人拾起木棍施暴的原因，但包含野蛮虐鸡行为的集体庆祝活动很早就出现了。早在 12 世纪，托马斯·贝克特（Thomas Becket）手下的神职兼行政人员威廉·菲茨斯蒂芬（William Fitzstephen）就曾记录两项被允许在忏悔节进行的"运动"：一是踢足球，二是折磨公鸡。几个世纪以来，人们多次试图禁止这种粗暴的消遣活动，但最终都不了了之，说明这是忏悔节无法撼动的组成部分。从 16 世纪初托马斯·克罗斯菲尔德（Thomas Crosfield）的记录中可以看见这些习俗的延续："'掷公鸡'和'足球'都是百姓消磨一天时光的普遍选择。"

就连男子学校也不例外。19 世纪末的威廉·亨德森（William Henderson）在编写英格兰北部的民俗传统时如此描述这项年度活动："足球和斗鸡是斋戒前夜（Fastens Eve）[1]的主要娱乐

———————

① 即忏悔节当晚。

活动……我的岳父经常说起，所有学校都会定期在这一天举行斗鸡活动。校长负责寻鸡，男学生付钱。每个男孩都要支付的'公鸡零钱'就成了定期的收入款项。校长从交易中获得了丰厚的利润，因为就连逃跑的'漏网之鸡'他都有权收回……一位曾在约克郡塞德伯格的文法学校上学的牧师告诉我，他们的校长可以在忏悔节从每个购买斗鸡的男生身上获得 4.5 便士。"

拿鸡找乐子的游戏有很多，"掷公鸡"和"斗鸡"只是其中两种。抽打公鸡或母鸡的游戏同样受欢迎。维多利亚时代的儿童读物《青年的丰饶角》（ *The Youth's Cornucopia* ）是这样形容这种游戏的："将一只可怜的母鸡绑在一个乡巴佬的背上，给他系上小铃铛，而他的同伴们会蒙上眼睛，在铃铛声的指引下，用树枝尽可能地抽打他和母鸡。"由于观众比蒙眼的参与者看得更清楚，场面一定非常热闹，趣味非凡，只要别去想那只可怜的母鸡会遭受多大的折磨。在夜晚的"狂欢"过后，这只命运多舛的母鸡显然会与培根一起下锅，与煎饼和炸果一起被端上饭桌。

虽然英国人用鸡嘲笑法国人，甚至虐鸡取乐，但慢慢地法国却骄傲地以"高卢雄鸡"自居。路易十四将公鸡与鸢尾花、皇冠和闪耀的太阳一起当作仅有的几个皇家标志，每个标志都有其深意。对于终其一生追求绝对统治和军事荣誉、恪守日常宗教义务的路易十四来说，在黎明时分啼鸣的威武雄鸡显然是最贴切的形象代表。但讽刺的是，公鸡后来也成为法国大革命的一大象征。18 世纪末的宣传海报和文学作品将"自由、平等、博爱"的口号与共和主义的三大象征相对应——三色旗（颜色被故意设计得很简单，与代表旧制度的绚丽皇家旗帜形成对比）、弗里吉亚帽（曾是被解放的罗马奴隶的象征）以及公鸡（既代表永不放松警惕，又代表法国厚重的农村文化）。

在第一次世界大战期间，"高卢雄鸡"完美地体现了法国面对敌军时的毅力和勇气——他们骄傲而英勇地抵抗"普鲁士之鹰"。当时的明信片、征兵海报和政治漫画都在颂扬雄鸡的血性和精神，但最能体现高卢雄鸡特点的还要数1918年的那首爱国主义战歌《雄鸡高鸣！雄鹰与公鸡》（Cocorico! Ou l'aigle et le coq）。歌曲将公鸡数百年来的意象凝结成一体，以庆祝法国的胜利。它既是古代斗鸡场上的凶猛战士，又是宗教故事里的勤勉守望者，还是新生与自由的象征，更是当之无愧的胜者：

"而当它在自由的阳光下，

展翅拍打，

老鹰只能听见一声啼鸣，

啼声响彻国土——

勇敢的小伙子们！勇敢的小伙子们！

雄鸡高鸣！"

第四章

比喻

啄序①，鸡鸡，辣妹

英语的日常用语中不乏与鸡相关的比喻。从"啄序"到"郁郁寡欢的（broodiness）"②，鸡本身及其行为能为人们提供源源不断的语言灵感。性欲旺盛又自信无比的公鸡成了男子气概的代名词，而母鸡则背负了一切能够体现对女性的喜爱与厌恶的刻板印象。词穷时，可以随手从鸡身上找比喻——从"如履

---

① 啄序，指动物通过争斗获取优先权和较高地位等级的自然现象。——编者注
② 有两层含义：一是指母鸡准备好下蛋或者孵蛋，引申义为（人）想要生孩子；二是指母鸡下蛋前来回踱步的样子，引申意为"（人）多虑的、郁郁寡欢的"。——译者注

薄冰（walk on eggshells）"①、"怒发冲冠（ruffle feathers）"②，到"自食恶果（come home to roost）"③、"折断（某人）羽翼［clip（one's）wings］"④，不胜枚举。鸡蛋和人一样，有好有坏，因此在鸡蛋孵化之前不能数鸡仔的个数⑤。压力之下的我们感觉就像被禁锢在笼中的鸡一般束手束脚，或像一只"无头鸡"一样瞎忙活。我们还用"掌管栖息地"指代"称雄"，用"被母鸡啄咬的（henpecked）"形容"妻管严"。

乍看之下，这些围绕鸡展开的表达似乎都是现代用语，可一旦深入研究就会发现，这些用语已经存在多时，没有几千年也有几百年了。以"chick"为例，这个词不仅指鸡仔，还指代迷人的年轻女性。这个词的来历和演变要追溯到很久以前。早在盎格鲁–塞克逊时期就有了"chicken"一词——在古英语里写作"ćicen"，读音类似"cheeken"，指家鸡的幼崽。到了14世纪，人们用"chiken"⑥指代任何年龄的鸡，而其缩略版"chike"

---

① 字面意思为"在蛋壳上行走"，指的是做事谨慎小心，常译为"如履薄冰"。——译者注

② 字面意思为"（鸟类发怒时）竖起羽毛"，引申义为"（使）生气"。——译者注

③ 字面意思为"回到栖息地"，引申义为"自食恶果"。——译者注

④ 字面意思为"夹住……的翅膀"，引申义为限制某人的权力或影响力。——译者注

⑤ 英语谚语告诫人们不要过早下定论，或者不要高兴得太早。——译者注

⑥ 还有"chikene"、"chyken"、"chykon"等多种拼法。

则专指年幼或者年轻的鸡，甚至人们在亲密地称呼人类的小孩时也会使用这个词。

至于带有贬义的相关表达，则有最早的 "fendes chike" 或者 "deuels chyke"，意为 "魔鬼的小孩"。然而到了 17 世纪初的莎士比亚时期，这个词就成了对孩子的爱称了。例如，在《暴风雨》（*The Tempest*）中，普洛斯彼罗对通常被认为是男性角色的缥缈精灵爱丽儿说："爱丽儿，我的小鸟（chick），这事要托你办理。以后你便可以自由地回到空中，从此我们永别了！"[①]诗人和作家总喜欢将 "child" 和 "chick" 放在一起相互指代，以押头韵。例如，文艺复兴时期的戏剧家托马斯·德克（Thomas Dekker）在 1610 年创作的故事中写道："他（既）没有孩子（也没有小鸡）要照顾。"200 年后，英国最伟大的博学才子威廉·莫里斯（William Morris）在史诗《尘世天堂》（*The Earthly Paradise*）中使用了同样的手法："但这家福薄，没有小鸡也没有孩子。"事实上，"既没有鸡也没有孩子（neither chick nor chid）"已经成为独特的习语，意指"没有孩子"。在布莱姆·斯托克（Bram Stoker）的哥特式恐怖小说《德古拉》（*Dracula*）中，霍金斯先生将遗产留给米娜·哈克时说道："我既没有小鸡也没有孩子。所有的人都离我而去，因此我在遗嘱中写明，一切都留给你。"

"小鸡（chick）"一词在 20 世纪开始的几十年就有了性含义，而首次带着性意味出现在文本中则是在 20 世纪 20 年代由

---

① 引用自朱生豪译版，《暴风雨（莎士比亚戏剧·汉英对照）》（译林出版社，2018 年）。——译者注

辛克莱·刘易斯（Sinclair Lewis）所写的美国福音教派讽刺小说《埃尔默·甘特利》（*Elmer Gantry*）中，书中一个女人被称为"毛茸茸的无脑小鸡"。但这个词可能已经成为非裔美国人方言的一部分，用来形容有性吸引力的年轻女性。类似的词还有"矮脚鸡（bantam）"，这个词带有侮辱性含义。"小鸡"一词成了 20 世纪 40 年代爵士乐界的常用语，在五六十年代的流行文化中又衍生出了新用法。猫王唱道："猫生来就是为了让小鸡（美女）兴奋"，而凯鲁亚克（Keruaoc）在他的小说《在路上》（*On The Road*）中则塑造了"一个美丽的年轻黑人小鸡（美女）"的形象。

有的人认为"小鸡"是一种无伤大雅的恭维，但到了 20 世纪 70 年代，越来越多的女性认为这个词含有将女性幼龄化的潜在含义，隐含厌女情结。"小鸡"一词既影射儿童般的脆弱，又含有性暗示，令人反感，因此多少是有问题的。这个词还能被长久地沿用，让人不禁皱眉。即使是现代短语"小鸡电影"① 和"小鸡文学"② 也在暗示女性的文化取向肤浅幼稚，像小鸡一样蓬松柔弱，毫无威胁。但深入研究后就会发现，可能早在辛克莱·刘易斯或者非裔美国人使用之前，以"小鸡"比喻有魅力的女人的用法就出现了。例如，"鸡宝宝（chick-a-biddy）"这个说法到 18 世纪晚期时已经家喻户晓。弗朗西斯·葛洛斯爵

---

① 即小妞电影，女生爱看的电影。——译者注
② 又译为"鸡仔文学"或"小妞文学"，即针对年轻女性的文学。——译者注

士（Sir Francis Grose）在出版于 1785 年的《俗语经典词典》（*Classical Dictionary of the Vulgar Tongue*）中记录了"鸡宝宝"一词，其不仅指鸡仔，还指"少妇"。此外，这本书还收录了从乔治时代[①]的腌臜小巷中收集来的丰富俗语案例，其中不乏形容漂亮的年轻姑娘的词语："goer""article""bitch booby""dimber"和"fubsey"，等等。

　　事实上，许多用于描述母鸡的词都带有双重含义。在苏格兰，"母鸡（hen）"是用于对女孩或女人表示亲昵的，美好而温柔的称呼。在所有的苏格兰历史文献中，女性都被称为"漂亮母鸡（bonnie hens）""健康的母鸡（thrifty hens）"和"小母鸡（wee hens）"。但在北欧的大部分地区，"hen"实际上是从表示公鸡的词语衍生而来的。词源学家认为，大约 4000 至 6000 年前，欧洲通用语言中有一个特定的词"kan"，意为唱歌或发声。而"kan"后来发展成早期日耳曼语中的"hano"，再变成古英语中的"hana"，意为在日出时高歌的公鸡。现代英语没有阴阳性之分，但古英语中的名词有，且直到 12 世纪才不再作此区分。公鸡"hana"对应的阴性词是母鸡"henn"。而"hana"这个用法在现代的德语和挪威语的"公鸡"中仍然有所体现，分别是"hahn"和"hane"。

　　虽说"母鸡"在苏格兰可以表达亲昵，但在不列颠群岛的其他地方，这个词则在历史上很长一段时间中都被印上歧

[①]　英国国王乔治一世至四世在位期间（1714—1830）。——译者注

视女性的烙印。例如，最晚从 17 世纪就开始使用的"母鸡把戏（henwile）"形容的是狡黠却无用的鬼把戏；"母鸡妻子（henwife）"指的是妓女或妓院的老鸨；"小母鸡（hennie）"用于形容娘娘腔或者爱管女人操心的事的男人；"母鸡脑袋（hen-brained）"形容头脑空空（的人）；"母鸡之家（hen-house）"指的是由女人当家的家庭，带有贬义。

然而，最出名的说法要数"妻管严（henpecked）"。这个说法由来已久，从杰弗里·乔叟①到约翰·李德戈特（John Lydgate），许多中世纪喜剧都喜欢设置这样的角色，尽管这个词从未明确出现。通过使用暴力、责骂丈夫或耍诈的方式来颠覆婚姻中地位关系的妇女通常被称为"悍妇（shrew）"，如莎士比亚的《驯悍记》（*Taming of the Shrew*）中的情节，但当时还没有发明特定词语形容遭欺辱的丈夫。

然而到了 17 世纪，用"妻管严"形容没有男子气概的丈夫已经很常见了，特别是在讽刺文学里。塞缪尔·巴特勒（Samuel Butler）是一位受欢迎且风趣幽默的诗人，他以从社会上观察到的幽默人物为题材而创作的小品常让观众捧腹大笑。除了"堕落贵族"、"忧郁之人"和"放荡之人"，他还将"妻管严之人（henpect man）"首次带入文学视野。他写道："妻管严之人骑马时躲在妻子身后，让女人穿马刺、握缰绳。这样的男人荒谬可笑，束手束脚，被牵着鼻子走。他是下属，对妻子言

---

① 14 世纪英国小说家、诗人，著有诗体小说集《坎特伯雷故事集》（*The Canterbury Tales*），被誉为"英国诗歌之父"。——译者注

听计从；妻子发号施令，没有她的命令，他什么都不敢做。"

18 世纪初，英国第一位"桂冠诗人"约翰·德莱顿（John Dryden）写过一个妻管严的国王的故事。到了 18 世纪中叶，妻管严丈夫的形象频繁出现在英国文艺界，甚至获得了专属称谓——"温顺的公鸡（meacock）"。这无疑是对丧失雄风、受欺侮的公鸡和丈夫的戏谑。1788 年，因风流而同时受到赞誉和鄙夷的诗人罗伯特·彭斯（Robert Burns），凭借那首不友好的诗《妻管严的丈夫》（*Henpecked Husband*）也参与到这个词的应用浪潮中：

> 诅咒这个男人，一辈子做可怜虫，
>
> 他俯首称臣，做悍妻的附庸！
>
> 他毫无想法，对妻子唯命是从，
>
> 他身无分文，全受妻子掌控，
>
> 他的好友，对他说尽所有悄悄话，
>
> 比起炼狱，他更害怕妻子的枕边训话。
>
> 若不幸得妻如此，
>
> 我定伤其心、毁其志；
>
> 掌控她只需将爱转移给其他女子，
>
> 我将亲吻她的女仆，抛弃这个邪门的婊子

"心虚怯懦（hen-hertit）"（即"hen-hearted"[1]）这个短语最

---

[1]　字面意思为"拥有母鸡般的心"。——编者注

早出现在《约克郡神秘戏剧》（*York Corpus Christi Plays*）中。
这是一本中世纪的神秘戏剧集，从 14 世纪中期开始在约克郡上
演。在其中的《制砖师的故事》（*The Tilemakers' Play*）中，一
个角色就被骂为"henne-harte"①。1545 年，亨利八世时期的诗
人约翰·斯克尔顿（John Skelton）也使用了这个比喻："胆小如
母鸡（herted② lyke an hen）"。而这个从中世纪起就广为流传的
短语从何而来，我们已经不得而知了。英语中常把家禽与胆小
联系在一起，例如"胆小的（chicken-livered/chicken-hearted/
chicken-shit）"、"懦夫（poltroon）③"、"临阵脱逃（chickening
out）"、"斗胆量游戏（to play chicken）"等，还有许多低俗的说
法。然而现实中的鸡可一点也不胆小——公鸡具有极强的攻击
性，母鸡保护起小鸡来也是奋不顾身。但这种动物不知道为何
却背上了胆小懦弱的骂名。或许是因为，最初这些侮辱性词的
主角是"母鸡"而不是中性词"鸡"，侮辱性含义针对的也是雌
性。"拥有母鸡般的心"最早可能是用于讥讽妇女的软弱和只着
眼于家庭琐事的狭隘，而不是泛泛地攻击家鸡所有与生俱来的
特征。

　　在英语中，许多词在不同性别语境中往往有双重含义。例
如，"矮脚鸡（bantam）"这个词在指代年轻女性时带有挑逗意
味，具有负面色彩，但用于指代男性时却有着赞颂其英勇的含

---

①　"hen-hertit"的另一种拼法。——译者注
②　"hertit"的另一种拼法。——译者注
③　可能源自拉丁语的鸡'pullus'。——译者注

义。第一次世界大战前，英军迫切地需要招募壮丁，他们对士兵的最低身高要求是 5 英尺 3 英寸（约 160 厘米）。许多贫困地区的成年男子由于营养不良而无法达到身高要求。但在一些工业区和煤矿区，身材矮小却并不代表软弱无力，因为当地的许多人虽身材矮小却力大无穷。当柴郡伯肯黑德的议员阿尔弗雷德戴·比格兰（Alfred Bigland）听说一群当地矿工被征兵办公室拒绝时，他便向作战办公室请愿，要求允许为这些身材矮小的壮丁建立一支特殊的战斗部队，名为"矮脚鸡"——一种战斗力出众的鸡，能击败比它身材高大的对手。自 19 世纪 80 年代以来，这个词已经被普遍用于形容轻量级的拳击手。这支成员矮小、战斗力强的特殊部队成立的消息很快就传开了。到 1914 年，大约三千名曾被征兵办公室拒绝的矮壮男子加入其中。

关于鸡的方言里也体现了个别群体的时空迁移历程。地道的澳大利亚词语"chook"最初是以"chuckey"的形式出现在澳新地区 ① 的。在 1855 年出版的《土地、劳动力与黄金》（*Land, Labour and Gold*）一书中，多产的英国作家威廉·豪威特（William Howitt）写道："他们用手帕把鸡（chuckey）绑起来后继续前进。"到 1880 年，悉尼《公告》（*Bulletin*）杂志上出现了

---

① 即澳大利亚和新西兰。——译者注

"鸡仔（little chookies）"一词。而英格兰和苏格兰两地一直使用的"chucky"和"chuck"，或许是从"chick"或"chicken"演变而来的，用于表达喜爱之情。[①] 这个词在莎士比亚的作品中至少出现了 6 次，男女通用。例如在《爱的徒劳》（*Love's Labour Lost*，1598）中，有人称公主为"小甜鸡（sweet chuck）"；戏剧《麦克白》中出现了"最亲爱的小鸡（dearest chuck）"；在《奥赛罗》中，奥赛罗问苔丝狄蒙娜："我答应你什么，乖乖鸡（chuck）？"

如今，"chuck"一词在英国南部各县的使用频率已经很低了，但"chuck"和"chucky"在北部却还很常见，不过其在不同地区含义略有不同：在苏格兰，"chucky"常用来指代鸡，如诗人艾伦·拉姆齐（Allan Ramsay）在 18 世纪初写的诗句："牧师将叉子刺入鸡（chucky）胸肉中"；而在英格兰北部，特别是约克郡和克利夫兰郡，"chuck"保留了以往的双重含义，既指鸡，又可以用于亲切问候，如"你好吗，伙计？（Ey up chuck？）"或"我的鸡蛋宝宝（my chucky egg）"。约克郡作家艾米莉·勃朗特在《呼啸山庄》（1847）中写道："你肯过来吗，小宝贝儿（chuck）？"18 世纪末到 19 世纪，威廉·豪伊特（William Howitt）等在英格兰北部长大的澳大利亚移民将"chuck"和"chuckey"带去了新家园，随后两个词最终只剩下"鸡"一个含义。相反，"chuck"在美国则与鸡没什么关系，只保留了表达

---

① 《约翰逊字典》（*A Dictionary of the English Language*，1755）中对这个词的描述是："表示亲昵的用语"。

亲昵的用法，虽然并不常用。

那么，"公鸡（cock）"又是从何时起有了不雅的 ① 含义呢？本书第一章就曾提到，至少有 4500 年历史的巴基斯坦文明摩亨朱·达罗（Mohenjo Daro）的古称或为"Kukkut arma"，意为"公鸡之城"。"Kukkut"或为公鸡叫声的拟声词，最终融入世界多地的语言中——梵语中的"kukkuta"，古希腊语中的"kikkos"，斯拉夫语中的"kokot"，古斯堪的那维亚语中的"kokkr"，就连古英语中的"cocc"也是受它影响。同时，希腊和罗马文明都将公鸡视为战斗力和阳刚气概的象征，从士兵之间的斗鸡比赛到恋人之间的定情信物，这样的隐喻无处不在。这些古代文明或许没有明确使用"cock"一词指代男性生殖器，但这一时期的画作和陶器上常绘有装扮成公鸡的男子，或长着巨大人类阴茎的奇怪鸟类。

虽然我们不知道盎格鲁-撒克逊人在罗马人离开不列颠后赋予了公鸡什么象征意义，但历史学家注意到，这一时期的基督教艺术中鲜有与公鸡相关的内容，其他长期与生育力挂钩的雄性动物——如野猪和雄鹿——也很少出现。具体原因我们不得而知，但这些图案的缺失可能是早期基督教会有意为之——他们需要与涉及公鸡的旧信仰和习俗割席。

然而，到了中世纪时期，公鸡再次和阴茎画上等号。俚语中用"cock"指代阴茎的用法可追溯到 13 世纪甚至更早，只不

---

① "cock"既可以指公鸡，也可以指阴茎。——译者注

过最早是以"pilcock"或"pillicock"的形式存在的。^① "pilcock"
一词已经难以溯源了，可能是结合了古英语中的"cocc"（公鸡）
和"pil"（意为杆或球，具体看来源地）两个词。《基尔代尔歌
词集》（*Kildare Lyrics*）是14世纪中期的一本诗集，内含16首
用中古爱尔兰方言写成的诗歌。这本诗集讽刺意味浓厚，其中的
《老》（*Elde*）就是对晚年生活的抱怨。佚名作者在诗中哀叹道：

> 我或许再也无法做爱
> 我的鸡鸡（pilkoc）尿湿了鞋带

15世纪初，这个带有色情意味的双关语在另一首作者不详
的诗《我的鸡很温柔》（*I Have A Gentel Cock*）当中产生了很好
的效果。诗中大部分的诗句看似是在讴歌一位年轻男子骁勇高
贵的公鸡，但越往后看，读者就越会忍不住怀疑诗中的影射是
否过于露骨：

> 我的鸡很温柔，
> 每天为我报晓；
> 它让我早早起来，
> 督促我晨祷。

---

① 如今英语中仍用"pilcock"骂人，意为傻瓜，但很多人并不知道
它原来指的是阴茎。

我的鸡很温柔，
　它雄伟健壮。
鸡冠如珊瑚红艳，
　尾部呈喷射状。

我的鸡很温柔，
　它心地善良；
鸡冠如珊瑚红艳，
　尾巴靛蓝黑亮。

鸡腿碧蓝，
　小巧玲珑，温和如春；
鸡距银白
　白入趾跟①。

眼睛清亮透彻，
　晶莹如琥珀；
　每晚它都选择
栖息在我夫人的闺阁。

　　仅"公鸡进入夫人的闺阁"这一双关语就会让中世纪读者忍俊不禁，更别说诗中还有"公鸡迫使男主人早起"等其他下

---

①　鸡距的根部。

流的隐喻了。在诗中，鸡的每个部位几乎都有性暗示——"尾巴"是阴茎的另一种说法，"鸡冠"指的是龟头，就连鸡距也可以被解读为公鸡的第二性器官，其一旦被切除或烧伤就会导致公鸡不育。然而，到了都铎王朝，一些低俗用语和带性暗示的双关语已经可以上台面了。莎士比亚的剧作中就充斥着大量此类脏话和调侃，如《李尔王》（King Lear）中的"公鸡（Pillicock）坐在鸡山（Pillicock Hill）①上"和《两贵亲》（The Two Noble Kinsmen）中的"我一定要在天亮（cocklight）②前失去贞洁"。

此外，"cock"还能形容年轻气盛时的莽撞。一位维多利亚时期的作家写道："'cock'是鲁莽大胆，是活力四射、昂首阔步的年轻人独有的冒失。'猛地抬眼（cock up the eye）''抬头（cock the hat）''突然竖起尾巴（cock the tail）'、田野上的'干草堆（haycock）'、树林里的'知更鸟（cock-robin）'、托儿所里的'木马（cock-horse）'——都指向同一层含义：轻快的动作，大胆的情感表达。"在伊丽莎白时代，"cockapert"指的是粗鲁莽撞的家伙，而每个血气方刚的小伙都可以被称为"小公鸡（cock 或 cocker）"。事实上，"cock"和"cocker"在兰开夏郡和约克郡部分地区仍是友好的问候语。"卖弄风情的（coquettish）"一词源自法语的"coquet"或"coquette"③，最初并没有性别之

---

① "Pillicock Hill"字面意思为"鸡山"，也可指女性生殖器。

② "cocklight"可指黎明，也可指阴茎。

③ 法语形容词有阴阳性之分，coquet 为阳性形式，用于形容雄性；coquette 为阴性形式，用于形容雌性。——编者注

分，后来则专用于形容虚情假意地卖弄风骚的女性，在 17 世纪时已经得到广泛使用。不难看出，双重标准一直存在——阳性的"coquet"代表有趣而多情的，而阴性的"coquette"则有负面的、爱说三道四的等含义。兰德尔·科特格雷夫（Randle Cotgrave）在 1611 年版的《法英词典》（*A Dictionary of the French and English Tongues*）中是这样解释"coquette"一词的："一个爱说闲话且引以为豪的八卦爱好者；一个爱胡说八道的、轻佻浅薄的小姑娘；一个爱说三道四的、没有教养的家庭主妇；一个喋喋不休的、净说傻话的人。"

1649 年英联邦成立后，虔诚的清教徒奥利弗·克伦威尔致力于恢复国家的道德水准和心灵健康。除了取消圣诞节、禁止看戏、禁止体育博彩、禁止妇女化妆，克伦威尔还把枪口对准了脏话和亵渎之言，甚至警告军中的部下，说脏话者要"向他交 12 便士的罚款"。有的人虽满嘴脏话，但交了罚款或在监狱里待上一阵子就没事了，但另一些人就没那么幸运了。一次，一个叫布索尔梅的军需官因为说脏话而被罚用烧红的烙铁烫舌头。

在内战之前的几十年里，英国一直处于宗教动荡之中，在此期间，反国教的新教徒想做礼拜绝非易事。在 17 世纪 20 至 30 年代之间，成千上万的清教徒逃离英国，在美国东海岸定居，以求过上没有宗教迫害的生活。到了 17 世纪 40 年代，为了支持克伦威尔的清教运动，约有 10% 的清教移民暂时返回英格兰，协助议会进行军事行动，但大多数人留了下来，在收留他们的国家继续践行自己的信仰。1660 年斯图亚特王朝复辟后，英格兰的清教运动已然式微，但清教主义却在北美蓬勃发展，开始净化社会上包括赌博、酗酒和说脏话在内的"恶行"。

在此背景下，"cock"对于美国部分清教徒来说或许过于不堪入耳，以至于在一百年的时间里，这个古老的名词不会出现在正经的对话中，而完全被更为他们接受的"rooster"所取代，用于指代公鸡。美国的"rooster"是以公鸡打盹的地方"roost"（栖息处）为词根的。这个词源自古英语中的"hrost"一词，指屋顶的木架，首次出现在文学作品中是在安娜·格林·温斯洛（Anna Green Winslow）那本1771年的著名日记里。[1] 年仅12岁的安娜被送到波士顿寄宿学校，离她在新斯科舍的家数百英里远。在一封家书中，她描述了与叔叔共进晚餐的情景，还提及了一道"煮了若干只烤鸡"的菜肴："我们猜测得有半打鸡，而且在这个季节它们无疑都是公鸡（roosters）。"

不知从何时起，"cock"这个词变得粗俗而无法融入礼貌用语，但安妮·布莱德斯特里特（Anne Bradstreet）在她的诗作《人生四个时段》（*The Four Ages of Man*）中却大大方方地使用了这个词。安妮是北美最杰出的早期殖民地诗人之一，她父亲是一位富有的英国清教徒。1650年，她不带丝毫戏谑地写道："公鸡（cock）早早报晓，却也徒劳；我为辛勤有获，辗转思考。"《可怜的理查德》（*Poor Richard*）一书的作者理查德·桑德斯（Richard Saunders）也没有遮遮掩掩，他曾写下"整个羊

---

① 此处指的是《1771年波士顿女学生安娜·格林·温斯洛的日记》（*Diary of Anna Green Winslow: A Boston School Girl of 1771*）——译者注

群、猪群和牛群，公鸡和母鸡（cocks and hens）以及鸭鹅都将灭亡"这样不吉利的预言。

然而，尽管"cock"这个词含义不纯，但英国人从未弃用它，也从不肯用"rooster"取而代之。1822年，《美国来信》（*Letters From America*）①的作者詹姆斯·弗林特（James Flint）不得不向读者解释何为"rooster"。在环游美国时，他注意到了许多以前从未听说过的词语，并下结论道："我必须说这些是'美国腔'。"他提到了美国人所说的"rooster"或者"he-bird"，并将这两个词定义为"公鸡，或者与母鸡相对的雄性动物"。到19世纪中期，禁"cock"运动被推向了可怕的新高度：不仅禁用"cock"这个词本身，说话讲究的美国人还会在指代"干草堆"时以"haystack"替代"haycock"；用"weathervane"指代风向标，而不是"weathercock"；用"hobbyhorse"指代儿童木马，而不是"cock-horse"。

同样饱受争议的词还有常被用来指代伦敦人的"cockney"，准确来说这个词是指出生时能听见伦敦圣玛莉里波教堂钟声的人。很多人认为用"cockneyese"指代伦敦方言的用法源自14

---

① 英国的詹姆斯·弗林特记录其在美国所见所闻的家书集。信中谈及美国的宪法、奴隶制、商业、制造业以及当地人的性格特点等。——译者注

世纪的"公鸡蛋"一词，即年轻母鸡下的无黄蛋。同一时期，乔叟的巨作《坎特伯雷故事集》中的一个男性角色用"cokenay"来形容自己的软弱无能：

> 这个笑话再度被提起之日，
> 便是我被视为傻子、懦夫（cokenay）之时！

到了伊丽莎白时代，人们已经用这个词来侮辱城里人了，人们嘲笑他们的生活经验和胆识毅力都比不上农村人。16 世纪初的语法学家罗伯特·惠廷顿（Robert Whittington）酸溜溜地写道："这群'cockney'……长大后可能无法忍受任何悲伤苦痛。在伦敦、约克等城市里长大的孩子一直受到细致的照顾，他们为所欲为，而在长大后一无是处。"有些人将"cockney"解读为"被宠坏的（人）"，这或许是从古法语中的"acoquiné"（使人上瘾）推测而来的。但有个更明显的答案就在我们眼前。英国诗人、作家托马斯·图塞尔（Thomas Tusser）在《优秀家政五百条》（*Five Hundred Points of Good Husbandry,* 1573）一书中告诫主妇："有些'cockney'……非常愚蠢，既不适合做学徒，也不适合种地，更不适合读书。"从学徒、农民到学者，这些职业选择几乎都是男性的追求，那么"cokeney"有没有可能只是表示公鸡的"cock"与表示否定的"ney"的合成词，以表"不像只公鸡"呢？到了 1600 年，这个词的地理攻击范围缩小了。塞缪尔·罗兰兹（Samuel Rowlands）在《往自负的脑袋中注入幽默的血液》（*The Letting of Humors Blood in the Head-Vaine*）一书中写下豪言壮语："我鄙视镇上所有年轻的家伙，就让这群'cockney'来撂倒我。"不到 20 年后，旅行作家费恩斯·莫里森（Fynes Moryson）写道："伦敦人和所有能听到圣玛莉里波钟声的人都被斥为'cockney'。"

虽然到 20 世纪为止，"cockney"一直带有贬义，但其具体含义发生了变化，现在这个词不再指"娘娘腔"或者"缺少男子气概"，而被用来给伦敦东区的人和语言打上"没有教养"和"粗野"的标签。崇尚标准发音的人难以相信首都的公民竟然还在使用地区方言，更糟糕的是，伦敦东区方言的影响正在蔓延。爱德华·盖普（Edward Gepp）在他编纂的《埃塞克斯方言词典》（An Essex Dialect Dictionary，1923）中惊呼："现代伦敦东区方言已经悄然融进了我们的语言，且其影响越来越深远。对此，我们感到遗憾和愤恨……伦敦东区方言的致命影响已经传播到千里之外……空气中弥漫着毒气，伦敦东区方言中的'沙芬德'（即绍森德）、'犬喂'（即犬吠）和'埃尔斯特德'（即霍尔斯特德）等奇怪的发音已经预示了我们的下场。主啊，保佑我们！"但是，"cockney"在 21 世纪的英国却成了伦敦人的骄傲。如今这个词已经成为像荣誉徽章一样的身份象征，很少有人会意识到它在中世纪时还是和鸡有关的辱骂之言。

用于表示"狂饮"的习语"cock-a-hoop"也让词源学家争论不休。许多人试图追溯这个奇怪习语的来源，主要有两种常见说法：第一种认为"cock"指的是啤酒桶的水龙头，而"hoop"是啤酒桶顶部的金属环。托马斯·布朗特（Thomas Blount）在 1670 年自信地解释道，在过去，"人们把水龙头

（cock）拿出来，装在啤酒桶顶部的环（hoop）上，然后不间断地喝麦芽酒，直到进入狂饮状态，饮酒带来的欢乐愉悦达到顶峰，这种说法流传至今"。另一种说法认为这个习语源自法语短语"coq à huppe"，意思是一只肉冠立起的公鸡，形容态度狂妄。

　　还有一种解释则指向古代酒馆的一个奇特而有趣的习惯。罗马军队除了给英国带来笔直的道路、中央供暖系统和发酵凤尾鱼，还带来了酒馆的概念。他们会在路边或者镇上建起小酒馆以供军人解渴，这些酒馆最终成了让当地人过酒瘾的地方。这种小酒馆门口会挂着专门的标志——将叶子编成圈、绕在环上，挂在杆子的尖端，支在门上、朝街道的方向延伸，这样一来，从很远的地方就可以看到酒馆的标志。这个习惯随后演变成盎格鲁-撒克逊时期和中世纪酒馆门上插的"麦酒桩"，后来的人仍选择用叶环作为酒馆的醒目标志。早在 1369 年，就有不少酒馆的名字以"狂饮（on-the-hoop）"结尾。《中世纪和文艺复兴时期英格兰酒馆标志词典》（*A Dictionary of Inn Signs in Medieval and Renaissance England*）就记录了"乔治狂饮""贝拉狂饮""哈普狂饮"和大量的"公鸡狂饮"。因此"狂饮"一词可能是伴随着酒吧文化的兴起而诞生的。

　　另一个引起争议的词语是"水痘（chicken pox）"。这种病似乎和鸡完全没有关系，至少从表面上看是如此。这个词最早于 1694 年出现在杰出的英国医生理查德·莫顿（Richard Morton）笔下。这位在治疗肺结核和厌食症方面颇有造诣的医生在《炎症性发热治疗方法》（*Exercitatio de Febribus Inflammatoriis*）一书中提到了一种"俗称为'水痘'的天花"。虽然他误以为这两种病是一回事，但显然"水痘"在当时已经是惯用语，尽管原因不详。

托马斯·富勒（Thomas Fuller）在于 1730 年出版的医学参考书《皮疹学》（*Exanthemologia*）中为"水痘"提供了一个相当有趣的解释："其斑点很小，（妇女）可能觉得这像孩子被鸡喙啄过的痕迹。"1886 年，英国外科医生查尔斯·法格（Charles Fagge）在《医学原理与实践》（*Principles and Practice of Medicine*）一书中提出，水痘之所以被称为"水痘"，可能是因为其脓疱看起来像"鹰嘴豆（chick-pea）"。这种从视觉层面提出的解释虽然不无道理，但问题是"鹰嘴豆"一词直到 18 世纪才出现在英语中，远远晚于理查德·莫顿提出"水痘"的时间。还有人说是因为水痘患者的皮肤看起来像被拔掉羽毛的家禽，又或者是因为古英语中的"发痒（giccan）"一词和"鸡（chicken）"发音相近。

但最令人信服的说法有两个，都与"鸡（chicken）"这个词在古英语中的用法有关。第一种说法是，"水痘"可能本意为"儿童的痘病"。上文提到，"鸡（chick）"和"儿童（child）"这两个词经常被互换使用，而水痘又主要是儿科疾病。第二种说法是，水痘与天花或梅毒相比并不是一种严重的疾病，于是就用"chicken"来表示"弱"。

当然，语言在不断进化，一些与鸡相关的词语已经消失了。直到 19 世纪为止，人们都在用可爱的"chickling"来指小鸡仔，但如今这个词只存在于不常见的植物名称——"山黧豆（chickling vetch）"——之中。这是一种被视为劣等豆类的植物。同样的贬义用法还出现在"鹰嘴豆"中。19世纪的一本字典毫不客气地将这种食物描述为"退化的豌豆"。中世纪英语中的"chukken"是指发出像鸡一样的略略声，但到了16世纪晚期，这个词的含义变成了"笑"，并最终演变成如今的"略略笑（chuckle/chuckling）"。

"埃宁帽"（hennin）是中世纪晚期贵族女性佩戴的头饰，这是一种带有轻柔面纱的经典尖顶公主帽。词源学家猜测"hennin"一词可能源于古语中的"hahn"，即公鸡，因为这种头饰看起来像鸡冠。表示"黄昏"的短语"cockshut time"指的是鸡被关在笼子里的时间，这听起来有些悲惨。莎士比亚在《理查三世》（*Richard III*）中使用了这个短语："萨里伯爵托马斯和他自己，大约在黄昏之时（cock-shut time），从一个部队到另一个部队，走遍整支军队，给士兵们打气。"相对地，"cocklight"指的是黎明。伊丽莎白时期的观众也一定能看懂"ninnycock"①一词，它的意思是"傻子"，用来骂人，生动形象。

部分18世纪的词语留存至今。比如"鸡巷（cock alley 或 cock lane）"指的是女性私处，这个表达多少会令人不适；"霸凌鸡（bully cock）"指的是专门挑事儿以便抢劫吵架对象的人；"卧鸡（flat cock）"指的是女人。而"发出鸡叫（to cry cockles）"则指的是绞刑，因为"cockle"指的是公鸡发出的长而低的鸣叫声，那就像人被掐住脖子时会发出的声音。

在19世纪初，蛋黄仍有两种拼法："yolk"和"yelk"。托

---

① "ninny"指幼稚的、孩童般的。——译者注

马斯·布朗爵士（Sir Thomas Browne）在 1646 年写道："小鸡是由蛋黄（yelk）孕育出来的。""yelk"这一拼法在美国特别流行，也被美国人自豪地维护着。"美国学术之父"诺亚·韦伯斯特（Noah Webster）在 1789 年出版的《英语专题论文》（*Dissertations on the English Language*）中宣称："'yelk'有时也拼成'yolk'，念法同'yoke'，但'yelk'是最正统的拼法。'yelk'来自撒克逊语的'gealkwe'，是美国通用的拼法。"

半个世纪后，19 世纪的菜谱大全《美国家庭主妇》（*The American Housewife*）仍然坚持将"蛋黄"拼写成"yelk"而不是"yolk"——其中一篇作者不详的"经验之谈"写道："用这种方法煮的鸡蛋非常好看，透过蛋白可以看到蛋黄（yelk）。"家庭主妇喜欢的"低强度散步"被称为"egg-wife's trot"，她还要努力避免"eggtaggling"——这是对"浪费时间"的精彩表达，尤指身边损友围绕的时候。人们通常认为"eggtaggling"由"egg"和"taigle"两个词组合而成，"taigle"是一个古老的苏格兰词语，意为"阻碍或拖延"，描述的是一个不务正业、假装忙着寻找鸡蛋的人。

然而，有些短语能延续至今是出人意料的。第一个例子是用"像一只无头鸡一样跑来跑去"来形容狂躁的人。这是个画面感很强的比喻，却没有出现在辞藻华丽的中世纪文本或莎士比亚的诙谐文字中。事实上，这个短语直到 19 世纪才为人所知。最早提到"无头鸡"及其怪异行为的是 1851 年的一份英国报纸，记者指出："无头鸡还能扑腾翅膀，跑上几步。"随后，他又用鸡死前的剧痛形容在下议院议员的干预下，立法"残缺和分裂"的惨状。两年后，一份来自美国的报道以更为现代读者所熟悉的方式使用了这个习语：《克利夫兰真话报》（Cleveland Plain Dealer）称"自由土地党……像一只无头鸡一样分崩离析而不知所措，一切都是他们咎由自取"。

比起在英国，"无头鸡"的说法最初似乎在美国更流行，可能是因为那时在美国出现了一连串以"无头鸡"为特色的、耸人听闻的血腥娱乐节目。在偶发了几起家鸡被砍头后幸存的事件后，美国人对此非常着迷。他们砍掉鸡的头顶，但留下足够的脑干，让它再活上几个星期。这种情况虽然罕见，但也不是不可能（因为鸡的大脑在眼睛后面，而不是在头顶）。

要想让"无头鸡"活下去，就必须进行特殊的人工喂养，从脖子处给它们喂食。无头鸡事件既奇特又具有新闻价值，这些鸡很快就成了当地的宠儿。为了亲眼见证奇迹，人们支付巨款排队观看。于是，想赚取快钱的无良商家开始尝试创造"无头鸡"。1868 年弗吉尼亚州的《亚历山大公报》（Alexandria Gazette）就报道了此类事件：

> "无头鸡：某个惨无人道的家伙——一个人意大利人——在大街小巷宣传自家的'无头活鸡'展，参观费用是 50 美分。这个残忍至极的人砍下一只活鸡的头，但留下了它的大脑。这人用膏药治好了鸡的伤口，往鸡

的嗉囊中注入玉米面以延续它的生命。这只饱受折磨的鸡存活了下来，为它那位不近人情的主人带来了巨额收益。"

著名的"无头鸡"包括存活了 3 个月的"圣何塞的马丁内斯"，还有因出名而到被送去离乡 4000 英里的新泽西州展出的"旧金山无头鸡"。然而，最受媒体关注的莫过于一只名为迈克的怀安多特公鸡，它在被砍掉头后继续存活了一年半。1945 年，科罗拉多州的农民劳埃德·奥尔森（Lloyd Olsen）打算杀一只鸡做菜，他用斧头砍掉了大部分鸡头，但重要的是他没有砍掉鸡的颈静脉，也保留了大部分脑干。奥尔森蹩脚的屠宰技术让迈克在被砍头后仍能休息和行走，甚至还能尝试打鸣（尽管只能发出微弱低哑的咕噜声）。于是奥尔森决定让迈克活下来，并开始用滴管通过鸡的喉咙喂食。迈克的奇闻很快便传开了，它甚至被送去全国各地巡回展览，也出现在助兴表演和新闻报道中，还有摄影师专程来为它拍特辑。据说迈克在最火的时候每个月能为奥尔森赚到 4000 多美元，对于一只没有算数"头脑"的鸡来说，这笔收入已经相当可观了。

另一个沿用至今的词语是"啄序"。这个词语用于形容人际关系或群体动态，通常代表其中的权力等级链。鸡是群居动物，并非每只鸡都生而平等。鸡群内部有严格的等级制度，即"啄序"。这个术语由挪威的动物学家、比较心理学家托里夫·谢尔德鲁普-埃贝（Thorleif Schjelderup-Ebbe）于 20 世纪初首次提出。托里夫从小就喜欢鸡，从 10 岁起就开始详细记录自家鸡群的行为。他尤其好奇鸡之间的关系，以及每只鸡如何在鸡群中"找准自己的定位"。通过观察，他发现一只鸡在群体中的地位可以在争抢食物的过程中体现，每只鸡都知道在这个排名系统中自己在谁之上、又在谁之下。为了巩固统治地位，它们会猛烈地啄击竞争者——通常是啄击它们的头部，"啄序"因此得名。雄性和雌性分别有各自的等级制度。

最近，学者研究了鸡在群体中提高啄序的方法。研究发现，年龄、体形和身形、寄生虫数量、整体健康状况、受伤与否和社会经验等因素对个体确立在群体中的地位有着重要影响，此外，遗传也起着一定作用。在形成了多年的鸡群之中，啄序是世代相传的。例如，地位最高的母鸡的第一个女儿将继承她的地位；"副手"母鸡的女儿也将继承她的角色，以此类推。然而，如果"首领"的女儿不止一个，那么这些小母鸡的地位都会超过原本的"副手"母鸡。

啄序的存在是为了维持群体凝聚力，进行资源分配。啄序影响着鸡群的方方面面，从吃喝顺序，到休息与交配的场所。强壮和强势的鸡可以获得最好的食物、水和配偶，优先洗泥沙浴。但权力越大，责任也越大。公鸡首领必须扮演鸡群的保护者，警惕天敌，在危险逼近时发出警告。当鸡群里发生争吵时，公鸡首领也会出面调停。在没有公鸡的情况下，母鸡会承担这个责任。就像中世纪的宫廷一样，位于中心的公鸡首领身边也会有许多强势的母鸡，而等级较低的公鸡和母鸡则必须在外围生活。同时，鸡群和人类一样也会经历朝代更替，领袖之位可能会被后起之秀篡夺，高龄或身体不佳的首领也会被迫下台。

啄序一旦建立，鸡群里就拥有了完备的交流体系。虽然鸡一直是一种爱叽叽喳喳的动物，但人类才刚开始研究"鸡语"。在 20 世纪 50 年代到 80 年代，加利福尼亚大学的尼古拉斯·科利亚斯（Nicholas Collias）和埃尔西·科利亚斯（Elsie Collias）分辨出了鸡的 20 多种叫声，并分析了其中的含义。研究发现，鸡在不同情境下会发出不同的叫声。例如，在面对来自空中飞禽的威胁时，鸡会发出音量低但音调高的"咿——"声，而公鸡在发现食物后，向母鸡通风报信时则会发出"喔喔"声，吸引母鸡前来。

然而，直到 20 世纪 90 年代复杂的数字录音技术出现后，科学家们才得以将"鸡语"和具体的情景更准确地联系起来。澳大利亚悉尼麦考瑞大学（Macquarie University）的研究人员利用电视为鸡创造了虚拟环境。他们给鸡播放了不同场景的画面，测试它们在屏幕上看到天敌（如猛禽或浣熊）、朋友以及竞争对手时的反应，并录下它们的声音。结果相当出人意料：鸡发出的声音不仅能传达特定的信息，还能让鸡群里的其他伙伴在没有特定情景刺激的情况下也能听懂。鸡能做到这一点，说明它们的大脑可以想象出一幅图景，并依此做出反应。这推翻了以往关于鸡只能通过声音传达简单信息（如恐惧或攻击性）的假设。本书最后一章将更详细地介绍鸡的智力。

更有趣的是，鸡的狡诈程度超乎我们的想象。研究表明，公鸡会为吸引附近的母鸡而发出发现食物的声音，谎报军情，而这样"狼来了"的把戏玩多了之后，母鸡就再也不会上当了。如果附近有竞争对手，公鸡在向母鸡求爱时发出的略略声也会更小，以免对手也对那只母鸡产生兴趣。而最神奇的是，公鸡能根据周围环境决定是否发出警报声。研究表明，当有捕食者飞到公鸡上方时，如果此时附近有藏身之处或另一只公鸡，那么它更有可能发出警报声。是否发出警报是个生存难题：公鸡如果叫了，就能提高鸡群躲过一劫的可能性，但也会吸引天敌的注意力，从而将自己的生命置于危险之中。对此，公鸡至少有两种策略：一种是在发出警报前确保附近有藏身之所，另一种则更阴险——确保附近有自己的雄竞对手，让它替自己被吃掉。

第五章

宠物

养鸡热潮

17 世纪末，约翰·史密斯（John Smith）呕心沥血地写下了《英格兰的改良复兴》（*England's Improvement Reviv'd*）一书，这是一本关于畜牧业和园艺的书，主要针对乡绅阶级。史密斯在书中提出，乡绅们喜欢重新设计农用地，这种行为"不仅有趣，还能获利"。他描绘了一幅关于田园牧歌的辉煌图景，一座庄园里可能有"若干果园和花园，种有水果、鲜花和草药，既可食用，又可药用；庄园里还养着各种家禽，蜜蜂、蚕、公鹿、母鹿、兔子等生物……有鱼塘和溪流，水里游着各种各样的鱼类，并放满了诱捕猎物用的假鸭；这个'游乐花园'中的植物各具特色与功效。"配齐所有元素后，这些乡村世外桃源的主人就可以在他们的"自然小剧院"中畅游，尽赏眼前的风光。种类纷繁的花卉、树木、作物和家畜共同构建出一个人间伊甸园，以供乡绅们享受闲暇时光。

　　从 18 世纪到 19 世纪初，这股"景观农场"的时尚之风吹遍了英法两国。在那个浪漫主义时代，这股潮流颂扬了深刻的自然之美、民间文化和简朴的乡村生活。充满浪漫色彩的农场，配以生机勃勃的动物和体力充沛的农民，构成了人们眼里的高尚追求，足以抵抗工业化和科学理性对生活方方面面的侵蚀。玛丽·安托瓦内特^①（Marie Antoinette）于 18 世纪 80 年代在凡尔赛公园里打造了名为"王后的哈姆雷特"的主题农庄。这是一个人造的半废弃村庄，里面有农舍、磨坊、牛奶场、鸟舍和谷仓。农场由一位名为布鲁萨德的农夫专职打理。他耐心地照料着王后的牲畜和庄稼，好让王后和好友可以在园中闲游，欣赏"人造乡村"的美妙景观和自然之声。

　　然而，没有鸡舍的农庄是不完整的。许多在这一时期新建或改造大型农庄的人，都成功请来建筑界有头有脸的人物为他们的家禽设计一流的住所。设计了伦敦英格兰银行宏伟的圆形大厅的约翰·索恩爵士（Sir John Soane），在 1794 年也为哈德威克伯爵在剑桥郡的温波尔庄园设计了一个鸡舍，其微型的古典石制外墙内建有 9 个弧度完美的拱形巢箱。1802 年，第六代贝德福德公爵继承沃本修道院时，委托著名设计师汉弗莱·雷普顿（Humphry Repton）设计了一个鸟舍，从而为他数量不断增加的宠物提供栖身之所。据一位德国游客所说，贝德福德公爵的宠物包括"鸽子、鸡，还有许多叫不出名字的鸟"。

_____

① 法国国王路易十六的王后。——译者注

柴郡温宁顿的彭林勋爵无疑造出了最华丽的鸡舍——一座长 40 米，亭式的"家禽宫殿"。但若要论古怪，没有哪个鸡舍比得过乔治·杜兰特二世的"金字塔鸡舍"。什罗普郡唐村的杜兰特家族是乔治王朝后期贵族们肆意挥霍、骄纵懒惰的缩影。乔治·杜兰特臭名昭著，依靠掠夺和奴隶贸易积累了万贯家财，在买下一座大庄园后，他将宅邸和庭院修建成时下最流行的风格。他的儿子乔治·杜兰特二世同样骄纵古怪，从思想到行为都与父亲如出一辙。为安置庄园里的牲畜，他建造了许多光怪陆离的建筑，除了一座奶牛城堡和一间优雅的猪舍，还有一座 20 英尺高的"金字塔"鸡舍。

这座高耸的新埃及式鸡舍是用手工制作的砖块和砂岩精心砌成的，上面有供鸡群进出的菱形小洞。更疯狂的是，有的砖头上还刻有为鸡而写的古怪座右铭，如"待人宽容如待己""先挠再啄"等；有的铭文则让人摸不着头脑，如"教教你奶奶"和"你能闻到吗"。然而，杜兰特对"景观农场"的理解更为极端，除了牲畜之外，就连农庄里的工人也成了他在乡村"领土"上的所有物，他肆意地使用对工人妻子的"初夜权"，生活放荡。杜兰特有近 40 个子女，其中有 20 个是婚生的。他在庄园里的每间小屋里都留下了一个孩子。杜兰特将"领土"范围内的多数事物都视为玩物和个人财产，因此会给非婚生子女起一些更适用于宠物鸡的怪诞名字，这也就不足为奇了，其中就有"楔子拿破仑"、"彻林顿楼斗菜"和"美背灰姑娘"等。

维多利亚女王也没能抵挡住宠物鸡的诱惑。1843 年圣诞节前两天，《伦敦新闻画报》（*Illustrated London News*）发行了一期双页特刊，将温莎城堡内"女王的家鸡"夸得天花乱坠。此刊声称要"以美好而符合时令的图片向读者展示热爱自然的尊贵女王和她温莎皇家鸡舍中带翅膀的宠物"。维多利亚女王的上任君主乔治三世曾在温莎城堡东边的大公园里建造了一个私人农场，里头有一个为王室提供肉类和鸡蛋的家禽养殖场。维多利亚在登基后不久，就命令温莎的王家御用建筑师柏德斯伯勒和詹纳设计了一个巨大的新鸡舍。

这座"简约而得体的半哥特式建筑"的中央是一座带侧翼的亭子，旁边是供家鸡产蛋、筑巢和打盹的鸡舍。为此，女王花费再多也在所不惜。《伦敦新闻画报》不吝笔墨地形容道："房间宽敞通风，室内暖和，温度宜人……巢穴尽可能地模仿这些禽类所生活的原始丛林环境，被做成隐蔽幽深、黑莓刺丛遍布的样子。"关键是，坐拥这华丽鸡舍的并不是普通的杂交鸡，而是"稀有而奇特的"品种。显然，女王对这些珍贵家禽爱不释手，经常"在鸡舍里一待就是几小时，从而暂时将繁重的国务抛诸脑后"。鸡舍不仅是实用性强的养鸡场所，更能让女王"在简朴的乡村生活中得到极大的精神慰藉"，重新获得"那些最有可能、甚至只有可能存在于大自然中的至上力量"。

纵观历史，把鸡当宠物都是富人的专利。一般来说，农场上饲养某种动物都有具体目的，但维多利亚女王似乎对她的宠物鸡没有任何要求。她的珍贵藏品包括"几只卷毛鸡，它们的羽毛洁白、细如发丝，皮肤乌黑"；几十只不好惹的爪哇矮脚鸡，这个品种的公鸡性格躁动，经常会打破或吃掉母鸡下的蛋；还有一些用松鸡杂交出来的奇特品种。在野外，鸡偶尔会和猎禽交配，但这样生出的后代几乎都不育。然而，维多利亚时代的科学家和育种专家一心想探索杂交生殖的极限，于是他们用家鸡与所有能抓来的家鸡的近亲进行交配实验。

能成功与鸡杂交的禽类有鹌鹑和松鸡，甚至还有孔雀，但子代几乎都失去了家鸡的温顺品质。一位著名育种科学家的成果引起了查尔斯·达尔文的兴趣。他在《动物和植物在驯化后的变异》（ *The Variation of Animals and Plants under Domestication* ）一书中指出："休伊特先生通过用驯服的公雉鸡与五个品种的鸡杂交获得了丰富的经验，并表示这些鸡的后代'狂野无比'。"多数情况下，杂交品种不仅性情焦躁，还会不育，但也有个别子代鸡有繁殖能力，特别是母鸡和原鸡的杂交品种。正因这些早期的实验结果发现只有家鸡和原鸡能稳定杂交出可育子代，达尔文后来才有信心确定红原鸡为现代家鸡的祖先。

然而，纵使"家鸡-松鸡"的杂交品种非常特别，女王的新宠"交趾支那鸡"才是鸡舍里真正的明星。这种鸡体形巨大，身姿挺拔，被媒体赋予"鸵鸟鸡"的绰号。19世纪40年代初，饱受争议的海军军官、探险家爱德华·卑路乍爵士 [①]（Sir Edward Belcher）在长达六年的环球航行结束后，带回了这几只鸡，并把它们作为礼物献给女王。虽说这个品种是以越南的法属殖民

① 卑路乍是皇家海军中口碑最为分化的人物。一方面，他退役时官居海军上将，且因其科学探索和英勇出海而备受赞誉；另一方面，他作为上司专制暴戾，作为丈夫糟糕无比。船员在船上不堪其摧残，频频抱怨；妻子两次因他感染花柳病，后申请与他合法分居。

地"交趾支那"命名的，但它们被带上船的具体地点还有待考证。这种鸡和马来斗鸡相仿。马来斗鸡是一种身材高大，骨骼粗壮的鸡，栖息地广泛分布于印度北部、印度尼西亚和马来西亚，因战斗力强、身材高大而广受欢迎。

女王将她的"交趾支那鸡"视如珍宝，希望将能孵化的蛋送到欧洲各地的王室，与他们分享她对新宠物的狂热喜爱。然而，据说一开始孵化并不顺利。即使在条件优越的王家环境中，女王的交趾支那公鸡也存活不久，母鸡也只下了几颗蛋而已。于是，他们匆忙送来一只杜金公鸡作为替代品。人们认为顽强健壮的杜金鸡是罗马人带到英国的，用这种鸡杂交出的后代看起来竟然与正宗的交趾支那鸡出奇地相似，唯一能暴露血统的是杂交鸡与杜金鸡一样多了一根脚趾。

就在维多利亚女王迎来她的"交趾支那鸡"的几年之后，农民兼企业家阿尔弗雷德·斯特金（Alfred Sturgeon）从在伦敦码头靠岸的一艘运茶快船上收获了几只体形巨大、羽毛蓬松的中国鸡①。后来，他在信中描述了自己和助手第一次看到这个奇妙品种时的心情："1847 年，我从西印度码头的一艘船上买下了这几只鸡。当时我们的一名职员碰巧上了船，他一眼就相中了

---

① 即"浦东鸡"，也称"九斤黄"。——译者注

这几只鸡，然后自作主张地买下了，而当我知道价格时，我震惊了——每只大约 6~8 先令！"这些鸡看起来与女王的交趾支那鸡不同，虽然身材同样高大，但中国鸡更圆润、更柔软，绒毛更多，且腿上长着绚丽的羽毛。很快，人们就以它们的家乡为基础，将其命名为"上海鸡"。然而，这个名字并没有传开，而这些新奇的鸡后来也被莫名其妙地称为"交趾鸡"，尽管它们与在女王鸡舍里的宠物并没有什么共同之处。

斯特金把几只"上海交趾鸡"带回了埃塞克斯的家庭农场。但这几只鸡才刚落地，厄运就降临了。斯特金后来回忆道："当我发现斥巨资买回来的五只鸡刚到家就被弟弟杀了两只，只剩下一只公鸡和两只小母鸡时，非常惊慌，而弟弟又补充说这几只鸡虽然还很年轻，但又胖又重，这无疑是给我火上浇油！"不久之后，唯一剩下的公鸡也死了。随后，几只不懂事的小狗又给年幼的交趾鸡崽带来一场灾难。于是斯特金别无选择，只能孤注一掷，尝试再去买几只鸡。

尽管面对重重困难，斯特金仍然坚持不懈。巧的是，他的朋友庞查德先生也喜欢上了这种鸡，便从斯特金那里买了两只。而汉普郡的穆迪先生也从一艘中国来的船上买了 12 只母交趾鸡和两只公交趾鸡。到了 1850 年，"上海交趾鸡"的数量已经多到足以作为独立品类在伯明翰的宾利厅里展示。这座华丽壮观的展厅在展览前几个月刚建成，占地 1.25 英亩[①]，是英国第一个专

———————————

① 　1 英亩约等于 4046.86 平方米。——编者注

业的展览馆，也是象征着维多利亚时期乐观主义并展出获奖动物的圣殿。

几年后，刘易斯·怀特（Lewis Wright）的《家禽图册》（The Illustrated Book of Poultry）出版。这时鸡的地位已从鸡舍清道夫摇身变为高价宠物："在此之前，除了农民，很少有人养鸡，而且那些人只养劣等鸡或杂交鸡。偶尔会有一两个想要吸引公众注意的鸡展，但总被人们在无意中忽略。然而，1850年，交趾鸡在伯明翰展出后，一切都变了。每位参观者回家后都会谈起这种新奇的鸡：它们像鸵鸟一样高大，像狮子一样吼叫，但又像羔羊一样温柔；它们可以被在任何地方饲养，甚至是在车库里，还像被驯服的猫一样愿意被人抚摸。人们都争相前来参观，气氛越来越热烈，甚至连场外的街道都挤满了人。"

这股"家鸡热潮"席卷了英美两国——至少家底厚的人愿意纵情饲养珍贵家禽。庞查德在伯明翰展会上以5英镑的高价卖出了他拥有的3只交趾鸡——这可是一个娴熟工匠一个月的工资啊。但斯特金更加狡猾。尽管有很多人想要买他的鸡，但他还是坚持了一年，最后在一次竞争激烈的拍卖会上以609英镑的天价卖掉了120只交趾鸡，成交单价是庞查德的3倍多。

维多利亚时代的人沉迷于交趾鸡的一切。这种宠物家禽不仅得到了女王的认可，而且比农场上瘦弱的同类要大得多，也更有魅力。在那个农业变革的时代，有土地的乡绅不懈地探索牲畜繁殖的科学原理，以培育出肉更实、毛更密、奶更多的家畜，为不断增长的城市人口提供口粮。如果人类连大型农场动物都能操控，一只小小的鸡又算得上什么呢？1853年，《泰晤士报》（Times）的一位记者提出疑问：这些"中国怪物"是改善"英国家禽市场不良状况"的关键吗？这位记者类比道："若非这些富有的业余农夫在草皮上挥霍金钱，上等好马就不会像现在这么常见了，也不会出现短角牛和南丘羊[1]，更不会出现稀有羊品种和无价的猪种。"

维多利亚时代的英国也热衷于外来的新奇事物。实际上，这些都是英国通过帝国贸易和殖民扩张掠夺而来的战利品。亚洲资源丰富，香料、丝绸等物品价值不菲，导致其长期以来都是欧洲各国在政治和商业上的必争之地。1599 年，为在亚洲建立独立贸易链，英国成立东印度公司。虽然英国最初难以与葡萄牙和荷兰等既得利益集团抗衡，但到了 19 世纪中叶，维多利亚女王统治的帝国开始所向披靡。1815 年，法国在拿破仑战争中战败投降，英国成为趾高气扬的胜者。彼时，再没有哪个欧洲国家的实力能与英国相抗衡，于是英国开始了帝国版图扩张计划。在强大海军的协助下，不列颠很快就控制了多数海上贸易要道，其中包括通往中国、缅甸、马来西亚、印度等遥远东方国度的航线。那时，没有什么纪念品能比一对异国活鸡更吃香、更便于运输了，而如果它们途中还能为船员带来鸡蛋和欢乐，那更是好上加好。

有的人对毛茸茸的交趾鸡望眼欲穿，所以干脆直接自己去上海购买，但他们不知道该怎么买，也不知道该如何将这些可

---

[1] 原产于英格兰东南部丘陵地区的无角短毛羊，英国肉质最好的肉羊。——译者注

鸡的社会史：从生物到产品的千年之路

怜的动物运回家。正如当时一位英国记者的描述："人们不断尝试购买这些从中国进口的动物，有的甚至自己出海……然而，据说即使在遥远的东方也难见交趾鸡的身影，而带回英国的那几百只鸡也和目前英国流行的品种大相径庭。难以在上海买到正确的品种并非唯一的问题……这些鸡要在海上颠簸好几个月，被禁锢在笼中，经受海浪的击打冲刷。如此恶劣的环境之下，一晚上就会死掉6只。有一次，几只经过精心挑选的鸡在靠近开普敦时还安然无恙，看起来极有可能健康抵达，但就在这时，船上有只小动物逃出笼子，并在一夜之间吸光了所有珍贵的交趾支那鸡的血。还有一批交趾鸡在漫长的旅程结束后的两周内神秘地消失了，也许是被做成了珍馐美馔，盛进汤碗中，总之不再被人提起了。在海运途中丢掉性命的悲惨动物不计其数，这也只是其中的一小部分而已。"

讽刺周刊《潘趣》（Punch）就热衷于讥讽这股追捧珍奇动物的新浪潮，并将这股热潮归咎于偏执的特权阶层妇女。此刊用了大量篇幅和漫画来嘲弄重金买鸡的行为，当然也讽刺人们对普通家鸡的宠爱。其中一幅漫画描绘了一位贵妇用狗绳牵着心爱的交趾鸡散步的画面，并对长期受她折磨的丈夫大喊："我的天啊！要下雨了。快，詹姆斯，快去拿一把雨伞和两把阳伞来。我可不能让我的宝贝交趾鸡得风湿病！"还有一则虚构故事讲述的是一位任凭使唤的丈夫的经历："一位住在佩卡姆街的女士花大价钱买了几只交趾支那鸡，也几乎因此毁了她的丈夫。这个可怜的男人总是被街坊邻居指指点点，说他是俚语中的'鸡管严①'。"不难想象，此刊的读者一定会因上流社会的愚蠢追求而笑得满地打滚。

交趾鸡惊人的价格很快引起了人们的注意，同时它还抬高了其他几种纯种鸡的价格，尽管它们的"死忠粉"从来不大肆宣传。据一个美国鸡农回忆，在1852年的伯明翰家禽展上，"一对矮小、毛色上乘的西布莱特矮脚鸡卖到了125美元；一只上好的公交趾支那鸡和两只母鸡一共卖出75美元；一窝白杜金鸡卖到了40美元。英格兰的一个养鸡户从100多英里外的地方来到伦敦，只为采购一批西班牙黑鸡蛋，每颗蛋的价格为1美元。还有一个农民长途跋涉，只为买到最好的交趾支那鸡蛋，而那时每颗蛋竟然卖到了1美元50美分"。

突然之间，鸡不再是战士或蛋白质来源，而变成了需要悉心呵护的珍贵玩物。因此，一些家禽爱好者开始将注意力转向培育或完善其他有趣的品种。然而，人们对"新品种"的定义却难以达成共识。自从4000年前鸡在东南亚繁衍生息以来，数百个新品种陆续登上历史舞台。有些品种是为了适应气候或环境进化而来的，有些则是人们为了获得特定行为特征或满足某种审美怪癖而专门培育的，还有很多是意外地通过野外自由交

①　英文原文是"Cochin-China-pecked"，由"hen-pecked（'妻管严'）"改编而来。——译者注

配产生的，这导致鸡身上衍生出各种各样的形态特征。

从最初的原鸡开始，鸡已经演化出了各类性状：腿有细长的也有短粗的，有羽毛卷曲的也有斑秃的；头顶的鸡冠有十几种不同形状；羽毛有丝滑的，也有坚硬的；有"长尾飘飘"的，也有干脆没有尾巴的。不同品种的鸡又可以被进一步细分——颜色从深黑到金黄，从红、灰到雪白；羽毛的样式也不单调——从条纹到花斑，从斑点到波纹，应有尽有；就连体形也多种多样，从大到小，各种尺寸都有。19世纪的养鸡户很快发现，可以通过精心配种来进一步增强或去除鸡的某些特征，例如培育出前所未有的毛色，缩小或放大一个品种的体形，甚至把几千年来好斗的鸡变得无比温顺。

1849年英国禁止斗鸡后，养鸡户之间的竞赛需要一个新出口。他们的战场从锯屑堆成的斗鸡场转移到了展览馆。19世纪中期，达尔文的朋友、家禽专家威廉·特盖特梅尔（William Tegetmeier）对于几百年来人们为完善斗鸡品种而花费的时间精力大胆总结道："毫无疑问，英国出产的鸡之所以优越，完全是因为斗鸡，各阶层的人都沉迷于这项活动，直到近期的禁令颁布为止……这些都是最强壮、最活跃、最勇敢的鸡，都是在斗鸡场上把对手打得落花流水的强者……这成就了英国斗鸡无与伦比的优雅外形，代表了鸡中至高无上的美。"

最初，斗鸡禁令的颁布让家禽养殖户感到恐慌，他们担心如果没有斗鸡场提供偶尔的"质量检测"，公鸡的战斗力会下降。一位斗鸡支持者曾担心地说："如果不允许赛马，那么养马人如何发现马身上的性格或形态缺陷？又如何消除这些缺陷？

家禽中的斗鸡品种等同于马中的阿拉伯马，牛中的纯种短角牛，犬中的灵缇犬。"为了维持斗鸡的竞技状态，一群养殖户自发抱团。他们带着自家的珍贵斗鸡参加展览，根据其外表的迷人程度、打倒"假想敌"的可能性等一系列奇怪的评价标准颁发"最具斗鸡品质奖"等奖项。

　　鸡的品种之多、地理分布之广，令人眼花缭乱，把鸡进行清晰的分类无疑是个棘手的挑战。18 世纪末，法国博物学家乔治·路易·勒克莱尔（Georges-Louis Leclerc）曾勇敢地尝试列出他所知的所有鸡品种——无论是亲眼见到的，从同事的报告里看到的，还是从周游列国的旅行家那里听说的。但他很快就发现，种类的分析和溯源工作都难有成果。例如，许多国家都有体形比鸽子还小的迷你鸡，"爪哇矮脚母鸡"就是其中之一。其性状与"英格兰小母鸡""法国矮脚母鸡""勃固①小母鸡"相似。

　　同样，勒克莱尔也不知道"矮脚鸡"这种体形小但好斗，像穿着毛靴一样的印尼品种与"法国毛腿鸡"或"英国矮脚鸡"有何关系。某些品种的名字也让这本身就理不清的关系更加混乱。有些以国家或城市命名的鸡实际上与这些地方毫无关系。例如，"汉堡鸡"是一种肉少但骨架大的蛋鸡，虽然它以德国城市汉堡为名，但实际上关于它的起源的说法很多：荷兰、比利时和俄罗斯都声称是汉堡鸡的发源地。更复杂的是，自 18 世纪

① 缅甸城市。

起，约克郡和兰开夏郡的农民也致力于培育这个品种，但将其称为"山鸡"或者"穆尼鸡"。

虽然在命名上无法达成一致，但这以前从来没有困扰过养鸡户，直到展出和交易各类花哨品种靡然成风。突然之间，参赛者和评委之间需要就品种的界定达成共识了——只有在每个参赛者都认可规则的情况下，评奖才有含金量。1865 年，特盖特梅尔出版了《展览家禽的鉴定标准》(*The Standard of Excellence in Exhibition Poultry*) 一书，再次在家禽发展史上留下了浓墨重彩的一笔。这本书简要介绍了特盖特梅尔和他敬重的朋友们都认可的品种——只有 9 种，针对每个品种，特盖特梅尔也只介绍了颜色特征。他的用词倒是诱人，如浅黄色、柠檬色、银色、肉桂色等。

除了时下流行的交趾鸡，特盖特梅尔还为马来鸡、斗鸡、杜金鸡、汉堡鸡、西班牙鸡、波兰鸡、矮脚鸡，甚至是刚在美国兴起的新品种梵天鸡设定了鉴定标准。梵天鸡虽然听着颇有异域风情[①]，但实际上是 19 世纪 40 年代由经验丰富的美国育种专家乔治·伯纳姆（George Burnham）培育出来的。这种鸡由体形巨大、羽毛蓬松的交趾鸡与从孟加拉国进口的同样高大的马来斗鸡杂交而成。起初，它们因羽毛略带银灰色而得名"上海灰鸡"。后来，为了推广育种成果，伯纳姆苦心经营，将 9 只品质上乘的鸡献给了维多利亚女王，为皇家鸡舍锦上添花。收到

---

① "梵天"是印度教的创造之神。——译者注

礼物的维多利亚女王喜不自胜，不仅给伯纳姆寄去了情真意切的感谢信，还附上了一幅自己的标致肖像画作为回礼。媒体瞬间炸开了锅，纷纷将伯纳姆誉为"美国最成功的养鸡户"，称那些"漂亮的鸡是他作为育种专家的荣誉""献给女王正合适"。

　　随即，美国、英国和加拿大的收藏家们的订单如潮水般涌来，这些"身形魁梧、羽毛精美"的鸡让他们垂涎欲滴。伯纳姆嗅到了商机，于是加大了繁育力度。到1853年夏天，他已经可以选出42只上等梵天鸡运往英国，并因此获得870美元（约相当于今天的3万美元）的可观报酬。其中的3只鸡落到一位来自伦敦、名叫约翰·贝利（John Bailey）的家禽爱好者手里，然后在当年的秋天在家禽展上亮相。令贝利喜出望外的是，这几只鸡当场便以每只250美元的价格被卖出了，三个月内价格便涨了约10倍。于是人们纷纷复制贝利的生意经，购入这种极具观赏性的鸡及其下的蛋，再趁着行情好转手卖出。

　　到了1855年，凭借转手梵天鸡的生意，伯纳姆已经赚了足足7万美元，约合现在的220万美元。然而，泡沫很快就破裂了。这场"梵天鸡热潮"和史上的郁金香热、南海泡沫、铁路潮等投机事件一样，达到顶峰后迅速跌落谷底，让数百名投资者陷入财务危机。伯纳姆自己也承认："贵族开始审美疲劳，英美两国的人转而相信这场闹剧是虚无缥缈的。"原本珍稀的品种，后来在市场上泛滥，人们不再为新奇买单，"上海巨星"骤然陨落。他继续说道："现代史上的'泡沫'林林总总，但没有哪次狂潮能比这场不可理喻的骗局更荒谬可笑，牵连更多的受害者。"

有的人因此陷入深渊。一位投机者给伯纳姆去信求助，言语中尽是绝望："我手上还有 300 只'上海恶魔'！该拿它们怎么办？我的一位当警官的邻居也有一堆'交趾鸡'无法出手，他发誓今年冬天不养了。走投无路的他只好宣称这些鸡是'偷来的'，就盼着哪个贪小便宜的傻帽过来认领。这些鸡不能饿着，因为它们一旦受刺激就会变得很凶残，十分危险，甚至能踢倒最坚硬的储物柜柜门。它们也很难杀，因为它们身体和犀牛一样强壮，生命力像猫一样顽强。啊！伯纳姆啊！我绝不原谅那个让我落到如此境地的人！你想要我剩下的鸡吗？你愿意把它们带走吗？我应该给你多少钱？如果可以的话，请帮帮我吧。"

尽管以现代人的眼光来看，这场热潮愚蠢而荒谬，但它体现了动物在维多利亚时代的人眼中的地位。饲养宠物的风气在19世纪初已然盛行。整个时代都被笼罩在消费主义的光环下，人们沉浸于物欲之中，不仅购买生活必需品，也通过购物追求社会地位，饲养宠物也是一样的道理。对他们来说，动物是可以被购买、转手和展示的商品，就像今天的人以炫耀汽车、服饰和房产的方式展露财富和野心一样。那时的人饲养宠物是为了获得陪伴或快乐，而不是以此为食物或劳动力，这往往反映了维多利亚时代的人对地位的关注。昂贵的稀有异国宠物会被视若珍宝，相对地也能提高主人的社会地位。有些宠物的售价和饲养费用极高，能养得起它们是一个家庭拥有充足可支配收入的证明。

　　同时，许多工人阶级以杂交犬、野鸟等动物为宠物，因此在维多利亚时代，在宠物饲养领域，决定主人地位的是宠物的品种。血统成为判断一种宠物是否"特别"和贵重的关键标准，因为只有受过教育、有学识和金钱的人才买得起稀有物种。对于寻求阶级跨越的中产阶级和生活安逸的上流人士来说，纯种动物（包括品种稀有的鸡）是主人崇高地位的象征，而杂交鸡和土鸡只配出现在贫民窟。

　　同一时代还出现了科学思维的巨变以及关于人与自然关系的不同观念的激烈碰撞。达尔文等人的著作引发了关于人类进化史和人与动物是否有直接亲缘关系的讨论。有的人对此持开放态度，但也有人感到不安。因此，人们对动物的态度存在矛盾也不奇怪——一方面动物保护运动兴起，另一方面人们更加热衷于对动物进行捕捉、训练和操控，以让动物顺从听话。动物园、动物展、动物博物馆和马戏团等都揭示了人类对统治自然界的执着。而后人们对标本制作的狂热又将这种控制欲推向了荒谬的顶峰——将死去的动物摆成扭曲或惹人发笑的姿势，让它们永远封印在人类的约束和控制之下。

　　1855 年"宠物鸡泡沫"的破裂摧毁了许多投机者的财富，但为数不多的旁观者却早有预感。事件发生的两年前，《田野》（The Field）杂志的家禽专栏记者曾预言："这些家禽会像郁金香和大丽花一样，在未来的某天不复流行，沦为过时的潮流，从此失宠。"他还指出，虽然这股热潮孕育出丰富多彩的品种，但潜在的代价也不得不提。他认为："家禽最重要的功能是为人类提供食物，能提供最多优质鸡蛋和肉的品种才是最好的。"然而纵观那些令人眼花缭乱的新品种，他认为没有一个能满足商用家禽的所有要求。交趾鸡虽然个头大、产蛋多，但肉质比不上杜金鸡。西班牙鸡产蛋量喜人，却不会孵蛋，更不会照顾后代。斗鸡产蛋量大，但脾气更大，在鸡舍里没人敢靠近它们。这位记者气愤地写道："为什么就没有人尝试培育出肉质细腻、产蛋量多、孵化能力强、脾气还好，集多种优良品质于一身的鸡呢？"

其他评论家也对家禽展上那些金玉在外、败絮其中的鸡感到恼火。《泰晤士报》的一位作者认为："一只鸡并不会因为皮肤上有'金色细纹'、'银色细纹'，或头上长了'白鸡冠'或'双鸡冠'而更加珍贵，如果哪种鸡拥有'双胸'，那它倒是值得被推广。有一个名为'矮脚鸡'的品种因其腿短而受欢迎，但腿短又有什么好处呢？只能说炖它时确实可以用小一点的炖锅。"

然而，那些言辞激烈的批评者并没有看见眼下的好处。有史以来，这是养鸡户和宠物主第一次有机会将视野拓宽到自家农场之外，欣赏到来自世界各地的种类繁多的鸡。另外，由于需要不断交叉育种，养鸡户也真正开始学习选择繁殖的科学——先挑选性状，然后挑选性状最为明显的亲本，再从子代中选出性状最好的一批进行下一轮育种，循环往复。就这样，经过短短几年的杂交育种后，养鸡户就培育出几十个特色鲜明的新品种。

　　到了 20 世纪初，新品种的数量已经高达几百个。虽然观赏鸡的圈子审美如初——要么偏爱羽毛蓬松、色彩绚烂的大型鸡，要么偏爱体形极小的袖珍鸡，但是部分养鸡户开始思考品种的实用性问题了。要想培育肉鸡或蛋鸡，就要将关注点从好看的羽毛等装饰性特征上转移，并寻找新的评价标准。于是，一场对于鸡来说赢了反而悲惨的比赛就此开始。

第六章

蛋鸡

续航时长

鸡蛋可谓是大自然的一个杰作。鸡蛋由内而外层层生长，每一层都是在经过鸡体内的特定部位时生成的。受精蛋被产下时就是一座设备齐全的"房屋"，为孕育中的小鸡提供所需的营养和庇护所。每只母鸡出生时体内都有成千上万颗尚未成熟的卵子，它们日后将成为"蛋黄"。准备产卵时，母鸡的身体会将一颗微小的卵子排到输卵管（母鸡生殖系统中一条长长的螺旋管道）中。蛋黄一边沿着输卵管缓慢移动，一边生长发育，此时蛋白也开始在蛋黄周围形成，随后壳膜也出现了。这个阶段的鸡蛋仍然很软，在慢慢落入相当于"子宫"的壳腺后，鸡蛋会于此停留约 20 小时，在此生成坚硬的碳酸钙外壳。整趟"旅程"中，鸡蛋几乎都是尖的一头朝前，像子弹在枪管中那样轻轻转动，但它会在最后一个小时翻转过来，变成宽的一头朝前。

我们不禁产生疑问：什么决定了鸡蛋的形状？鸟类的蛋的形态和尺寸各不相同：从鹰鸮近乎完美的球体蛋到小鹲鹲鱼雷状的细长蛋。海鸠等鸟类的蛋则接近圆锥体。鸡蛋介于两者之间，既非椭圆，也非完美的球体。它的圆润外形让人赏心悦目，但一端稍稍尖些。多年来，科学家一直试图解释鸟蛋形状多样的成因。其中一个有趣的理论认为蛋的形状受产蛋地点影响。在平坦或倾斜的表面上产蛋的鸟类（如生活在悬崖上的鸟类）往往会产下接近圆锥体的蛋，这是因为即使不小心被推了一下，这种蛋也只会绕着圈滚动，而不会往远处滚。而在碗状巢穴中生活的鸟类的蛋则多为球体。

另一个理论认为，蛋的形状与一窝蛋的数量有关。数量越多，蛋与蛋之间就越需要尽可能地减少空隙，以节省空间。一窝蛋要围成圈，尖头蛋显然比球体蛋更能高效地利用空间；若这些蛋较尖的一端朝向圆心，就像切块蛋糕一样，那就更能无缝拼接了。另一方面，研究人员指出，完美的球体蛋的表面积与体积的比值是最低的，因此形成蛋壳时所需的钙质最少。这导致饮食中天然含钙量较少的鸟类更可能产下球体的蛋，这是环境的影响。

然而，最近有学者研究了整个鸟类世界里数千种蛋的形状。这项有趣又大胆的研究为世人提出了新的可能解释。他们得出的结论也许出人意料。接下这项艰巨任务的是进化生物学家、行为生态学家玛丽·卡斯维尔·斯托达德（Mary Caswell Stoddard）及其在普林斯顿大学的团队。他们对约 1400 种鸟类的近 50000 枚蛋进行了分析，根据一颗蛋的形状接近球体、椭圆体还是圆锥体的程度进行分级。结果发现，鸟蛋的形状似乎与其飞行能力有关。经常飞行、长途跋涉的强壮鸟类往往有着更长、更窄和更尖的翅膀；而不经常飞行或更倾向于坚守阵地的鸟类的翅膀则更短、更宽、更圆。研究发现，翅膀窄而尖的鸟类产下的蛋也更窄更尖，而翅膀又宽又圆的鸟类（例如鸡）产的蛋也更圆。可能经常飞行的鸟类在进化出肌肉发达的流线型身体的同时，输卵管也变窄了，因此产的蛋也更长、流线型更明显。

　　鸡自然是不能展翅高飞的，但为什么鸡蛋是一头尖而不是标准的椭圆体呢？个中缘由十分有趣，却鲜为人知。实际上，尖头的鸡蛋更便于被母鸡挤出体外。多数情况下，鸡蛋更宽的一端会先出来——这一点甚至被博学多才的古希腊哲学家亚里士多德注意到了。宽的一端先出来？听起来可能有悖直觉，但就像用手指挤苹果核一样，母鸡从蛋的尖端施加压力，能更容易地将蛋挤出体外。此外，也曾有人猜测鸡蛋的宽端是最坚硬的部分，因此从宽端落地的鸡蛋破损的可能性较小，但目前的研究结果发现这种说法并不属实。事实上，鸡蛋较尖的一端抗压能力反而更好。但无论如何，两端都比侧面更坚硬。

　　如果你水平放置鸡蛋，蛋较尖的一端就会略微朝下倾斜。养鸡户早就知道，鸡蛋在孵化器中的朝向会影响成功孵化的概率。研究表明，以不同的角度孵化鸡蛋，结果明显不同：尖头朝上的鸡蛋比尖头朝下的鸡蛋更容易孵化失败。具体原因尚不清楚，但可能是因为较宽的一端能比较尖的一端吸收更多的氧气，而且这里也刚好是气囊的位置。在孵化器中，若将鸡蛋宽端朝下放置，鸡胚的头部就会处于没有气囊的一端，小鸡很可能无法存活。因此，鸡蛋天然呈尖头状可能是为增加鸡胚的生存概率。

现在的母鸡平均每天下一颗蛋。几百年来的人为育种干预都未能提高母鸡下蛋的频率。目前已被证实的产蛋率最高的鸡，是美国密苏里大学农学院的一只白色来亨鸡——它在 364 天里产蛋 371 颗（来源：《吉尼斯世界纪录：产蛋率最高的鸡》）。这听起来挺伤身的，不过所幸人类尚未利用科学从勤劳的母鸡身上"榨取"更多鸡蛋。然而，鸡蛋孵化这项耗时的工作是母鸡身上最早被人类接管的职责之一。

孵蛋时，母鸡必须让蛋持续处于温暖舒适的环境中，37.5℃左右最佳。母鸡更愿意孵一大窝蛋，8~12 颗最好，因为促使母鸡孵蛋的性激素只有在下了几颗蛋之后才会被释放出来。一旦"就座"，母鸡就会在三周的时间里全心全意地保护鸡蛋，只会偶尔短暂离开来吃食喝水。在这 21 天里，母鸡会定期翻动鸡蛋。它们将喙伸到蛋底下，轻轻将蛋兜起来翻面，从而防止蛋中的鸡崽粘在蛋壳膜上，并确保鸡蛋内部热量分布均匀。

胚胎要想正常生长，湿度也很重要。胚胎所需的水分来自母鸡和周围环境。各种条件需要维持一个微妙的平衡，即使如此也不能保证结果完美——大约每 5 个自然孵化的鸡蛋中就会有

1个孵化失败。因此，在任何古代文明中，人工孵化都绝非易事，能达到工业规模的人工孵化就更了不起。

虽然埃及的建筑奇迹让世人惊叹，但他们发明的"蛋炉"却鲜有人提起。18世纪的法国科学家勒内·安东尼·费尔绍·德·雷奥米尔（René Antoine Ferchault de Réaumur）曾说："埃及应该为这些（孵蛋装置）感到骄傲，而不是金字塔。"他的话或许有些夸张了，但古埃及的孵蛋技术确实令人叹为观止。亚里士多德写于公元前350年的《动物史》（*History of Animals*）一书首次提到了埃及人工孵蛋的实验："有时候，比如在埃及，鸡蛋会被埋在地下的粪堆中自然孵化。"仅仅两个世纪后，埃及的家禽养殖户已经将鸡蛋的孵化工作做到了极致。对此，希腊历史学家狄奥多罗斯·西库路斯（Diodorus Siculus）显然无比钦佩。他在公元前1世纪的《历史文库》（*Library of History*）一书中热情洋溢地写道："在埃及的家禽养殖户所使用的方法中，除了众所周知的自然养殖外，他们还以绝无仅有的技术人工养殖了不计其数的家禽。他们不用动物孵蛋，而是借助智慧与技术进行人工孵化。这项技术被用得出神入化，与大自然的运作机制相比也毫不逊色。"

埃及人将蛋炉称为"Maamal-el-firakh"（鸡的工厂）。沉迷于人工孵化技术的雷奥米尔在他的两卷本著作《各类家禽的四时孵化饲养艺术》（*The Art of Hatching and Rearing Domestic Birds of All Species in Any Season*）中对此进行了长篇阐述。这本书学术性强且篇幅较长。英国科学家亚伯拉罕·特伦布利（Abraham Trembley）翻译了此书的摘要，并于1749年在巴黎发表，一年后将其提交给英国皇家学会。从埃及规模巨大的孵蛋产业，到操作烤炉的人所严守的秘密，都让英国的科学家渴望一探究竟。摘要中写道："埃及的孵蛋方法只有贝梅村的村民和离村子不远的百姓才清楚。这个村庄离开罗约20里格^①，位于尼罗河三角洲。村民们只将这种技术传授给自己的孩子，从而世世代代对外保持神秘。"

到了雷奥米尔出书之时，埃及已经有约400个蛋炉了，这让他们能够同时孵4万到8万颗蛋。这些蛋炉每年固定工作6个月，以三周为一个工作周期，不间断地孵化一批又一批的鸡蛋。他们的交易规则十分奇特：蛋炉的主人只需向把蛋交给他的人归还所收鸡蛋总数三分之二的活鸡崽。如果操作技术熟练，那么主人就能孵化出比需要归还的数量更多的小鸡，有的蛋炉的孵化率甚至高达80%～90%。而多出的小鸡都归蛋炉主，他们可以自留，也可以食用或者出售。即使照现代的标准看，这种方式的孵化率也很不可思议。雷奥米尔估计，即使只有三分之二的鸡蛋能成功孵化，埃及的蛋炉每年也能孵出近1300万只鸡。

蛋炉的设计也与时俱进。14世纪的旅行回忆录《曼德维尔游记》（*The Travels of Sir John Mandeville*）中记录了将鸡蛋埋在小蛋炉中的马粪里保温的做法。粪便在分解的过程中会慢慢释放热量，"三周或一个月后，（人们）会回来取鸡。他们将小鸡

---

① 旧时长度单位，用于测量陆地和海上距离时代表的长度不一样，陆地上，1里格约为4.827千米。——译者注

精心喂养，从而让它们茁壮成长。很快，鸡的足迹就遍布全国各地"。16世纪初，托马斯·莫尔爵士（Sir Thomas More）在《乌托邦》（*Utopia*）一书中构想出一个遍地是鸡的岛屿。这无疑受到了埃及"蛋炉"的启发："他们以奇特的方法繁殖了无数只鸡，母鸡并不会坐在蛋上孵小鸡，而是将大量的蛋下在一个温度均衡适宜的地方，等待鸡蛋自己孵化。很快，小鸡就出壳四处活动了，但它们似乎把饲养员当母亲，紧紧跟在'妈妈'身后。"然而从下文的描述来看，这些蛋炉拥有的是像面包窑那样的砖砌结构，里头用慢火燃烧燃料，以让鸡蛋保持合适的温度。

几个世纪以来，欧洲多位工程师和发明家都试图自行研制孵化器。例如，16世纪博学多识的剧作家詹巴蒂斯塔·德拉·波尔塔（Giambattista della Porta）就借鉴了古埃及的模型。1558年，他曾解释道："我想简要说明，无论从亲身实践还是从他人经验来看，只要付出少量劳动，人们就可以在炉中孵蛋，而不需要母鸡。"波尔塔还夸下海口，承诺了一个几乎不可能实现的孵化率："如果你够勤奋，按我说的做，孵化300个鸡蛋，最多损失10～20个。"然而，肆意吹嘘并没有给波尔塔带来好处。他的实验和大话惊动了正在搜寻"黑魔法"参与者的天主教宗教裁判所。波尔塔的孵化器取得了非凡的成功，却也很快引发了人们的怀疑。为避免被视为异端，他不得不停止实验。

让荷兰发明家科尔内留斯·德雷贝尔（Cornelius Drebbel）声名大噪的，可能是他在17世纪20年代建造的可潜水的船，这是当时第一艘这样的船。但在此之前，他就曾尝试发明一种可自动调温的孵化器。从图纸上看，戴博尔的"循环炉"可自动调温，让鸡蛋处于温度均衡的理想环境中。一百多年后，荷兰编年史学家科内利斯·范德沃德（Cornelis van der Woude）惊叹戴博尔"能用一个神奇有趣的装置一年到头孵化鸭蛋和鸡蛋——是的，哪怕是隆冬也可以，而且不需要母鸭或母鸡，孵化时间也可以被把握得也很精准，幼崽在适当的时间出生，整个过程跟由母鸭和母鸡孵化没什么两样"。然而，与当时的许多发明一样，戴博尔的孵化器也成了满足王室猎奇心理的娱乐工具，而非用于实现商业上的突破。事实上，尽管戴博尔头脑聪明、成就非凡，但他的孵化器和其他发明都没有为他赚到钱。他自始至终都在一家酒馆工作，一辈子过着穷困潦倒的日子。

时间回到 18 世纪，热衷于复制埃及"蛋炉"的雷奥米尔尝试自制"肥料孵化器"。在他的园丁和母鸡的帮助下，他进行了一年多的实验。经过数月的反复实验和无数次的失败后，他那位技术精湛的、"负责照看可怜的鸡蛋的、跟我一样从不放弃的"助手"有一天晚上欣喜若狂地来向我宣布了那个我们盼望已久的好消息！"雷奥米尔的激动溢于言表，"其中一颗蛋内部有裂纹，从缝里可以听到小鸡破壳的声音。"

起初，雷奥米尔所谓的孵化器只不过是个小盒子，里头装着用于埋鸡蛋的粪便堆。但他很快就完善了设计：在一个木桶里填满一层层叠起来的浅口鸡蛋篮子，配上自己设计的温度计和通风孔。一位在巴黎经营慈善公社的牧师请雷奥米尔去视察公社各处的建筑和空地，想找到适合安装雷奥米尔的"肥料孵化器"的空间。雷奥米尔走进牧师的面包店，发现店里大烤箱上方阁楼处的空间再适合不过。"我一爬进那个房间，热气就扑面而来。于是我不禁想到，这里像埃及的蛋炉一样适于孵蛋。"经雷奥米尔的简单指导后，公社的修女尝试利用热气做"蛋炉"。据说这样做效果显著，阁楼里稳定地孵化了很多窝毛茸茸的可爱小鸡。

关于雷奥米尔孵化器的消息不胫而走。一位居住在加拿大的法国医生在18世纪50年代写给雷奥米尔的信中激动地说："在过去至少一年的时间里，人们竟然能在2月份吃上嫩鸡肉，这可是前所未有的。"然而，最初的狂热过后，人们对雷奥米尔的孵化技术不再充满兴趣，这主要是因为许多人都难以将孵化器调节到合适的温度，也难以保证通风充足，导致孵化率不理想。雷奥米尔本人幡然醒悟，埃及"蛋炉"的成功秘诀并不在于设计，而在于操作的人。对鸡蛋的照料与爱护决定了一切——每天，饲养员都要细心地用手一颗颗地翻动鸡蛋，必要时将蛋移到较凉爽或较温暖的地方。当时，温度计是一项新技术，并不十分可靠。为此，雷奥米尔还为自己的孵化器发明了酒精型温度计，可与丹尼尔·加布里埃尔·华伦海特（Daniel Gabriel Fahrenheit）发明的水银温度计相媲美。但这些都比不上贝梅村饲养员的触觉——他们只需将鸡蛋轻轻贴在脸颊或眼睑上就能清楚知道蛋的温度。

整个19世纪，各种孵化器原型机不断涌现。从带供暖系统的伊特鲁里亚花瓶到强迫公鸡孵蛋的装置，各种疯狂的、糟糕的或注定失败的想法不胜枚举。其中一种被称为"活体孵化机"的残忍方法，要将火鸡困在黑暗房间中的小盒子里，逼迫它们坐在成堆的蛋上孵化。火鸡不能活动，只会每天被抓出来填喂一次，然后又被塞回窝里。为了让它们保持镇静，饲养员还会"在天黑时给它们喂一杯酒，一两个小时后再把蛋放在它们身下，到了早上它们就又开始孵蛋了"。在这样不正常的条件下，火鸡只能存活 3~6 个月。但在 19 世纪 60 年代，这种方法仍被家禽育种专家视为商业上的巨大成功。专家认为这是"最好和最便宜的孵化方式"。还有许多不得不提的奇怪方法，如用"摩擦电"刺激鸡蛋半小时；为了保暖而用厚厚的窗帘覆盖孵化器；或者用天然温泉加热孵化器；等等。

到了 19 世纪末，市场上出现了许多更可靠的孵化器，包括 1881 年在英国获得专利的赫森（Hearson）燃油孵蛋器，以及 1896 年一发布就在美国广受欢迎的查尔斯·赛孚（Charles Cypher）自通风孵蛋器。宾夕法尼亚州的养鸭户特鲁斯洛（Truslow）先生还委托赛孚发明了美国第一台超大型孵蛋器，以帮助他实现埃及人所拥有的巨大孵化规模——一次孵化 2 万枚以上的蛋。为此，赛孚建造了谷仓大小的孵化器"猛犸象"，其成果还算丰硕。特鲁斯洛虽不善言辞，但他后来在文字中对此赞不绝口："先生们，让我宣布本季度鸭蛋孵化的数据，毋庸赘言：（我）在赛孚孵蛋器中放了 22848 颗蛋，一共孵化了 12517 只鸭子，孵化率接近 55%。在孵化阶段的第一个月和最后一个月，鸭蛋的质量从来不大好，因此撇开不谈。剩下的时间里，我在赛孚孵蛋器中放了 17250 颗蛋，共孵化了 11035 只鸭子，孵化率接近 64%。"大规模孵化已经成为一种可能。

但有趣的是，大多数农民对孵化器的态度都模棱两可。在18 世纪至 19 世纪，在作物、牲畜和肥料等领域都出现了革新，但很少有人会把创新的精力放在鸡和鸡蛋上。事实上，多数农民认为鸡舍是属于家庭主妇的，而养鸡是一种无足轻重的工作，最多也只是为家里多提供几颗鸡蛋或多卖几分钱。维多利亚时代主导农业改进的人似乎也觉得孵化器是一项多余的技术。正如 1854 年的一位作家所说："在这个国家，单凭自然手段养出的家禽的数量就已经能完全满足甚至多于需求了，所以人们没有充足的动机去追求孵化技术的创新。"

为什么孵化技术不受重视？历史上母鸡的产蛋习惯或许能给出答案。古罗马农业作家科路美拉为罗马人写下养鸡指导时，也介绍了一些值得饲养的蛋禽。好斗的希腊人喜欢斗鸡，并以城市为灵感给这些品种起了威武的希腊名字，如塔纳格拉、罗得斯、哈尔基斯等。但科路美拉更喜欢羽毛为红色或深色、翅膀为黑色的多产蛋鸡。他坚信决不能选白鸡，因为它们"太娇气了，寿命也不长"；矮脚鸡也不行，"除非有人就是喜欢它们低矮的身材"。最好的蛋鸡应该"长着红羽毛，体格健壮，大胸脯，头型适中，姿态挺拔，红鸡冠，耳朵处有白毛。在此基础上体形还要尽可能高大，而且脚趾不能为双数，因此五趾鸡是最好的品种。"科路美拉描述的像是杜金鸡，但古代各大文明中关于蛋禽品种的记载并不多。亚里士多德还提到了一只"一天产三次蛋"的伊

利里亚 ① 母鸡，当然学者们对此完全不感兴趣。

纵观历史，或许很少有人注意到，鸡蛋在很长的时间里都是季节性产品。为了提高小鸡的存活概率，母鸡主要在温暖的春季下蛋；到了夏季，鸡蛋的产量就慢慢减少了；而到冬季母鸡则完全停止下蛋。影响母鸡产蛋数量的因素很多，从日照强度、心理压力，到饮食质量，再到鸡是否换毛（换毛需要能量，因此鸡用于产蛋的精力就会减少），等等。当然，每个因素的影响程度不同。

但古代农民很快发现，如果给母鸡提供足够的食物和温暖的室内环境，那么它们可能在冬季也会继续产蛋。然而，这样敬业的母鸡凤毛麟角，而且大多数农民难以全年为鸡提供充足的食物和温暖的环境。即便提供了这样的条件，大多数母鸡也会因为被关在幽闭的空间里而感到紧张，从而出现健康问题，停止下蛋。要想改变母鸡的产蛋习惯，就必须想办法改变母鸡的生物特性。

牛津大学的一个国际科学家团队研究了一项有趣的课题。他们的目标是确定欧洲历史上开始人为延长母鸡产蛋期的具体时间，更重要的是找出这样做的目的。研究人员从自 2300 年前起至今的不同时段的鸡遗骸中提取 DNA 进行分析，发现鸡的遗传密码经历了改变。其中一个基因或为解谜关键——促甲状腺激素受体（thyroid stimulating hormone receptor，TSHR）基因。

---

① 位于巴尔干半岛西北部。

甲状腺激素对母鸡来说至关重要，它控制着母鸡的生长，调节代谢节奏，关键是还能左右日照对产蛋的影响。而现代母鸡则携带这种基因的变异体，这使其一旦性成熟就能快速开始产蛋，繁殖也不再严格受季节控制，因此现代母鸡可以在冬季产蛋，甚至全年无休。这种基因似乎还能使母鸡身处大群同类之中而不感到恐惧，困于密闭环境之中而依然自在。牛津大学的科学家团队确定了变异版 THSR 基因普遍地存在于鸡身上的时间范围——大约在公元 1000 年，比所有人预料的都晚。

然而，结合历史背景，这个时间段也在情理之中。在 9 世纪至 12 世纪，欧洲大部分地区的人经历了饮食习惯的转变。众所周知，最晚从 4 世纪起，大斋节期间的禁食活动就已经成为基督教传统。然而，禁食日在中世纪更加流行，人们通过抛弃世俗的欢乐来彰显自己信仰的虔诚。为期 40 天的大斋节要求信徒远离红肉、动物产品和酒精，而其他许多禁食场合只限制红肉的摄入，鸡蛋和鱼仍在可食用范围内。在禁食最流行的时期，欧洲大部分地区每周至少禁食一天（通常是星期五，有时也会选择星期三或星期六），降临节等宗教节日期间也有禁食期，因此当时一年禁食时长可能多达 250 天，而只有 100 天左右允许人们正常吃喝。在这样的背景下，鸡蛋受到了前所未有的热捧。

除了教规要求之外，不断加速的城市化进程也是一个因素。中世纪人口快速增长，越来越多的人涌进城市生活。城镇居民严重依赖农村的食物，但他们也开始自己购买和饲养家禽家畜。在城市无法养牛这样的大型动物，但猪、羊、鸡等动物则可以挤在狭小的空间中生活，并为主人稳定地提供肉、蛋、奶等食品。能够忍受恶劣家养环境的鸡有可能活得更久、繁殖出更多后代。天生拥有变异版 THSR 基因的鸡也更受中世纪家禽养殖户的青睐，毕竟谁都希望自己的鸡拥有出色的产蛋能力，早早就开始下蛋，而表现不佳的鸡只能被淘汰。历经几十年的人工选择后，具有特定优点的鸡更有可能存活下来、繁衍后代，这对鸡的季节性产蛋习惯和性情产生了日积月累的影响，并最终引发质变。

然而，从人类首次驯化原鸡到 20 世纪初，人们一年能从一只母鸡身上"榨取"的鸡蛋很难超过 6 打。例如，来自中世纪庄园的产蛋记录显示，每只母鸡每年约产蛋 70 ～ 80 颗。

哪怕到了 20 世纪初，一些农业专家也认为不可能再增加母鸡的产蛋数量了，更有人连尝试都觉得危险。

蛋农兼作家埃德加·沃伦（Edgar Warren）在 1904 年写道："最近，我们常听说出现了年产 200 颗蛋的母鸡。有的人只将其当作无稽之谈，并将这样的鸡纳入凤凰、渡渡鸟之列；有的人多少愿意相信，但认为这样多产的母鸡一定是凤毛麟角，决不多见；还有的人认为，这样的母鸡若是大量出现，只会是不幸，因为过度产蛋会破坏鸡的生殖系统，导致鸡蛋无法孵化出健康、有活力的小鸡，届时，年产 200 颗蛋的母鸡将会因为生殖能力太强而自取灭亡。"在 1913 年，美国家禽专家詹姆斯·德莱顿（James Dryden）培育出一只在一年多的时间里产蛋 303 颗的母鸡。1907 年，俄勒冈州农业学院聘请德莱顿做他们家禽饲养系的负责人。他是带着任务去的——培育出一只能够破下蛋纪录的母鸡。

18 世纪末，每 20 个美国人中只有 1 人住在城市；100 年后，城镇人口占比上升到四分之一；而到了 1920 年，城镇居民人数已经赶上农村居民了。城市人口的快速增长给蛋农打了一针强心剂，特别是生活在中西部玉米田地带的蛋农，因为这些地区不仅有丰富的谷物（可作为鸡饲料），还拥有通往大城市的铁路。然而，彼时这个热门行业的从业者仍把目光集中在少数几种纯种鸡身上，坚持认为这些品种最多产，但实际上大部分品种的年产蛋量不超过 100 颗。

德莱顿认为，强大的产蛋能力藏在基因里，但他怀疑养殖户用错了标准。许多家禽养殖户仍然以维多利亚时代的外貌标准来评判家禽的好坏，误以为母鸡只要外观迷人就拥有优秀的产蛋能力。他们所选的纯种家禽都羽毛美丽、鸡冠匀称、尾部整齐平直。1910 年，德莱顿对一位报社记者表达了他的绝望："在我看来，我们正在鼓励养殖户为鸡的羽毛、身材等花里胡哨的特征支付溢价，农民去家禽展会上购买种鸡时，从来没有怀疑过，溢价并不能代表鸡的产蛋能力。"

直觉告诉德莱顿，高产的秘诀藏在杂交品种中。这些人们瞧不上的"土鸡"在小型农场和后院里被自由放养，血统混乱，性状五花八门。但德莱斯顿相信这些鸡"比一般的纯种鸡生命力更旺盛，繁殖能力更强，更能抵抗疾病侵袭，而且产蛋量更大"。德莱斯顿还鼓动养鸡户精心挑选产蛋习惯好的母鸡，只用这些"超级明星"产蛋，而将表现平平的母鸡送去宰杀。

德莱顿用不同品种进行杂交实验，经过几轮尝试后，他成功让一只原产于意大利的白色来亨鸡与一只横斑洛克鸡①交配。横斑洛克鸡在 19 世纪 70 年代十分受欢迎，它们由黑爪哇母鸡与羽毛带条纹的土公鸡杂交得来。德莱顿白色来亨-横斑洛克杂交鸡有个绝妙的名字：麦克德夫夫人②，它轻松打破了产蛋纪录，让单鸡鸡蛋年产量有史以来首次突破 300 大关。当大众媒体为德莱顿和麦克德夫夫人的成就欢呼时，养鸡界却皱起了眉头。

正如上一章所说，在整个 19 世纪中，家禽界都在向农民和农业爱好者推广销售纯种家禽，从而赚得盆满钵满。18 世纪到 19 世纪初的农业革命中，一个重要成果是家禽家畜的改良，即利用近缘种来培育出更好、更胖或更多产的纯种家养动物。而德莱顿大肆推崇杂交品种，这无疑是对每位"高端农业"支持者的公然挑衅。俄勒冈州《卡蒂奇格罗夫社评》（*Cottage Grove Leader*）杂志的编辑就曾谴责道："这无疑代表着技术的倒退，就像回到了几十年前，在原产地发现刺背野猪和劣等杂交家禽的那个时代，人类在将它们培育成出色品种的过程中投入的努力都付诸东流。"

---

① 洛克鸡（普利茅斯洛克鸡的简称）的一个变种，是一种源于美国的肉蛋两用鸡。——译者注

② 莎士比亚悲剧《麦克白》中的角色。——译者注

更可怕的是，这家报纸甚至将德莱顿的实验比作人种的"杂交"，凸显其对"自然规律"的威胁。编辑怒斥道："人们当然可以借助白种人的基因来改善亚洲人或非洲人的特征和质量，但这对高加索人来说无疑是场灾难。"持有这种偏激恶毒观点的不只是《卡蒂奇格罗夫社评》的编辑。实际上，美国的优生学运动在20世纪初获得了广泛支持，而支持者中不乏对动物育种的遗传学感兴趣的人。

养鸡户兼科学家查尔斯·达文波特（Charles Davenport）在1906年出版的《家禽的遗传》（*Inheritance in Poultry*）一书中，理直气壮地将他的家禽遗传学理论应用于美国的家鸡杂交问题上："同样，如果我们接受人类是单一物种，那么人类遗传的所有重要问题都是种族遗传问题。眼下在美国进行的这种杂交行为就与种族遗传问题有关。男人与女人结合后生下的后代所具有的多种不同特征，也将遵循从跨种族研究中得出的规律。这些都是与人类进化有关的实际问题，用家养品种进行的实验或许能提供些许灵感。"

随后，达文波特在1910年创建了优生学档案室，其宗旨是阻止不健康的人生育，从而"改善"人类基因。而在现实中，这就意味着被国家机构打上"不适应社会"标签的人将被强制绝育，其中包括穷人、精神病人和在狱中服刑的犯人，当中不乏少数族裔。达文波特的观点恰好戳中了时代的私心。20世纪初的美国经济动荡，各行各业都受到牵连，移民人数不断攀升，城市空间过度拥挤，城市用地迅速扩张，这都导致犯罪和贫困等社会问题越发难解。后来，许多政府官员发现，比起解决城中贫困人口这个广泛的问题，将犯罪和失业归咎于某些种族的"劣根性"更方便。达文波特提倡的名为"种族卫生"的优生学受到部分美国人的热捧，还传到了法国、英国、瑞典等欧洲国家，这其中当然也包括纳粹主义德国。最终人们发现，优生学不仅有违伦理道德，而且毫无科学依据。正如德莱顿的家鸡杂交实验结果所示，生物的力量在于遗传多样性，而不是疯狂的近亲繁殖。

德莱顿 1916 年出版的《家禽育种与管理》(*Poultry Breeding and Management*) 一书，成为壮志满怀的蛋农群体里广受欢迎和好评的教科书，甚至在近 30 年中被反复重印。虽然德莱顿因培育出"年产蛋量超 300 颗的母鸡"而获得的伟大成就让多数蛋农难以企及，但到了 20 世纪 30 年代，母鸡的平均产蛋量已经上升到喜人的 180 颗。母鸡的年产蛋量增加了，德莱顿也消除了鸡蛋生产商业化道路上的一个障碍。然而，前路漫漫，还有很多困难需要他克服。

蛋农们发现，即使杂交母鸡是优质品种，但它们在冬季的产蛋速度仍然会下降。为此，他们将母鸡养在室内，用人工照明提供热量。但这很快又造成了另一个问题：母鸡严重缺乏维生素 D。事实上，早在 1916 年，一位科学家就抱怨说，用小鸡做动物实验几乎是不可能的，因为"实验室的封闭条件会导致实验对象的患病率和死亡率增高"。每天把鸡关在室内的蛋农注意到，鸡出现了腿部跛瘸无力、羽色不佳和一系列骨骼问题。无法接触日光的母鸡开始减少产蛋量，蛋壳也变薄了，而如果产下的是受精卵，那么孵不出小鸡的"哑炮"也会变多。

当时，在西方新兴工业化国家中，佝偻病是一种常见但不知名的疾病。直到 1645 年，英国医生丹尼尔·惠斯勒（Daniel Whistler）注意到这种病，其才被归类为一种特殊的疾病。在佝偻病肆虐的 19 世纪，人们营养不良，被污染物覆盖的天空灰沉沉的，到处都是阴暗的工厂。自罗马时代起，人们就不时地用鱼肝油治疗佝偻病，却对其中的药性没有任何科学认知。直到营养学家开始对鱼肝油进行科学研究，其药用潜力才得到充分挖掘。

1919 年，英国生物化学家爱德华·梅兰比（Edward Mellanby）做了一项实验。为诱发佝偻病，他先给幼犬喂低脂牛奶和面包；然后根据民间广为流传的疗法喂酵母或橙汁，幼犬仍然患病。但是当他在饮食中加入鱼肝油时，病症就没有出现。显然，是鱼肝油中的某些物质起了作用。同年，拥有一个好名字[1]的微生物学家哈丽雅特·奇克（Harriette Chick）证明了鱼肝油和紫外线照射可以治疗和预防佝偻病。这两位科学家以及其他研究人员的成果都说明佝偻病可能是由某些关键营养元素的缺乏引起的。20 世纪 20 年代初，美国生物化学家埃尔默·迈克勒

---

[1]　其姓氏"Chick"即"小鸡"，十分符合本章主题。——译者注

姆（Elmer McCollum）在前人研究成果的基础上试图确定鱼肝油中的决定性成分到底是维生素 A 还是尚未确定的新物质。最后，他将新发现的物质命名为维生素 D。

动物营养学家很快就把以上研究结果联系起来，并得出结论：被饲养在室内的母鸡患有家禽版的佝偻病。到 20 世纪 20 年代中期，研究报告建议，在非自然条件下圈养家鸡的农户如果想避免动物患上佝偻病，那么关键就是补充鱼肝油中所含的维生素。研究还表明，与大鼠、牛和猪等其他实验动物相比，鸡对维生素 D 的缺乏更敏感。如果农民想把母鸡搬到室内饲养，那么要么得给鸡群提供鱼肝油，要么得用人工紫外线照射鸡群，以模仿日照效果。两个条件至少要满足一个，大规模的室内鸡蛋生产才有可能实现。当然，让母鸡一生都"不见天日"地生活在室内对它们是否有好处，还有待商榷。

室内鸡蛋养殖技术的发展衍生出一种奇怪的产物——"鸡眼镜"。当生活在空间狭小的非自然环境中时，母鸡的攻击性很可能会变强，并开始相互啄咬羽毛，有时甚至会试图吃掉同类。温和的啄咬是母鸡整羽和社交的正常动作，但是母鸡如果感到压力大，或处于过度拥挤的环境，或者（最重要的是）感到无聊，它们很可能就会将觅食的精力用于啄咬甚至吃掉同类上。另外，当一只鸡身上出现血淋淋的伤口时，其他鸡也会出于无聊的好奇心而忍不住上前啄咬。如今，许多国家都会给蛋鸡去喙，即去除只有一天大的雏鸡的部分喙[①]。这种做法源自20世纪30年代，一直饱受争议。但20世纪上半叶的美国养鸡户还有一个独特的选择。

这种选择就是"鸡眼镜"，一种专为母鸡设计的可以别在喙上的小型眼镜。生产商表示，这种配有玫瑰色镜片的眼镜可以混淆鸡的视线，让它们无法辨别同类身上的红色伤口或血液，从而降低啄咬同类的频率。"鸡眼镜"的样式林林总总，从哈利·波特式的金属镜框眼镜，到红色赛璐珞太阳镜。有的款式甚至完全不透光，像给马戴的那种，戴上眼罩的母鸡只能看见侧面，而鼻孔上方的视野被完全遮挡。眼镜固定在鸡身上的方式也各不相同：有的像夹鼻眼镜一样夹着鸡喙，有的利用带子或铁丝绕过鸡的后脑勺来固定，还有的眼镜使用一种残忍的固定方法——用开口销穿过鸡的隔膜。

国家识别环与标签公司（National Band & Tag Company）曾打出一些俏皮的广告，宣称他们的"反视"眼镜能"让家里最剽悍的鸡也变得'娘娘腔'"。这些制造商的广告宣传使得"鸡眼镜"在美国各地热销，甚至漂洋过海来到了英国，尽管愿意买账的英国农民相对少些。但当"鸡眼镜"来到林肯郡附近的

---

① 如今部分欧洲国家已经禁止去喙，但这种行为在英国仍然合法。鸡喙尖上微小的机械刺激感受器能帮助它们精准辨别所触碰到的东西，而去喙的鸡常因疼痛出现怪异行为，如将喙收在翅膀下，不愿意啄食或者不再整理羽毛。

斯伯丁农场时，1951 年的一部百代^①新闻片把握住了这种发明的新闻价值。在珍贵的黑白影片中，一位老年养鸡人耐心地给一只母鸡戴上"鸡眼镜"。他说这只母鸡"话太多，被啄得特别狠"。新闻播报员说："但幸运的是，主人阿特金森找到了被啄咬的母鸡的唯一救星——夹在鸡喙上的玫瑰色眼镜。有了这样的'灵丹妙药'来抚慰她受伤的心灵，哪怕是洛岛红鸡也能'耳目一新'。"

虽然"鸡眼镜"没有流行太久，但另一个与鸡蛋有关的发明却流传至今。当时的蛋农面临的一大挑战，是如何将宝贵的鸡蛋完好无损地运往市场。上文说过，鸡蛋的侧面最为脆弱，因此无论是装在篮子里还是散装在盒子里，任何数量的鸡蛋都会碎得一塌糊涂，再加上 20 世纪以前农村糟糕的道路条件，后果可想而知。一位加拿大农民送去酒店的鸡蛋碎了大半，这让老板怒不可遏。当地的报纸编辑、业余发明家约瑟夫·科伊尔（Joseph Coyle）听闻农民的烦恼后迅速行动，并于 1911 年将想法转化成了实物，制作出一种带纸垫的盒子，鸡蛋可以立起来放进盒中独立的凹槽里。最初，这款纸盒需要手动折叠成型，但由于这个发明太受欢迎，需求过于旺盛，科伊尔不得不为此设计出一个机器，批量生产以他命名的"科伊尔护蛋纸盒"。

美国农业部数据显示，全国鸡蛋食用量在 1945 年达到顶峰，平均每人每年吃蛋 404 颗，而到了 20 世纪 90 年代，这一数字

---

① 即百代电影公司，1896 年成立于法国，其作品以定期新闻片为主。——译者注

仅为 200 出头（来源：2019 年 2 月 28 日《华盛顿邮报》）。在这样的背景下，除了科伊尔，许多人也动了蛋盒的心思。仅仅两年后，弗吉尼亚州的发明家斯图尔特·埃利斯（Stuart Ellis）就设计出一种金属蛋盒，里面摆满了纸片做的圆柱，就像卫生卷纸中心的卷筒一样，让每颗鸡蛋独立分开，以方便长途运输。而在英国，托马斯·彼得·贝特尔（Thomas Peter Bethell）为他的"雷莱特蛋盒（Raylite Egg Box）"申请了专利。这种蛋盒内部放了用硬纸板做成的网格，来将鸡蛋分开，从而在运输中起到保护作用。

但无论是科伊尔、埃利斯还是贝特尔，谁的发明都无法媲美马萨诸塞州的弗朗西斯·谢尔曼（Francis Sherman）于 1931 年设计的那款简单经济的蛋盒。谢尔曼当时灵机一动，决定用纸浆纤维作为原材料，这种材料价格低廉，可以做出数不清的盒子。他的另一个天才之举是生产出连体蛋盒，这种蛋盒可从顶部或底部整块切割，对折后便可铰合，和现代蛋盒几乎没有什么两样。

为什么一盒鸡蛋通常是 6 或 12 颗呢？有意思的说法有很多，但暂时没有定论。其中一个说法是，由于一年有 12 个月球周期，因此"12"这个数字自古以来就是个带有魔力的数字。另一种说法是，古代美索不达米亚人和埃及人在许多生活场景中都使用二进制计数，包括货物交易。这是因为，若以拇指来点数，人类剩下的 4 根手指共有 12 节指骨，每根手指有 3 节，这样一来单手计算 12 以内的数字就很方便。这个数字之所以受欢迎，还有一种可能：与"10""11"等相邻数字不同，"12"是包含 6

个约数（即 1、2、3、4、6 和 12）的最小数字，其本身及其约数很好被整除。当然，最有力的解释还是与英国及其殖民地在十进制出现前所用的货币系统有关。1 便士等于 4 法新①，1 先令等于 12 便士，1 磅等于 240 便士……这样一来，给鸡蛋等小物品算账时，以一打 12 个为单位更便于心算。

相比之下，在与鸡蛋相关的趣事里，最值得一提的或许是其拼法。15 世纪的英格兰是各地方言的大熔炉，人们在书面拼写、口语发音，甚至是日常用品的用词上都相去甚远。因此，当印刷商威廉·卡克斯顿（William Caxton）在 1490 年试图翻译维吉尔②（Virgil）的作品《埃涅阿斯纪》（*The Aeneid*）时，语言不统一让他无比头疼。他的烦恼在该书的序言中也有所体现——卡克斯顿讲述了一位英格兰北部的商人和一位南部的蛋商之间因用词差异而产生的矛盾。对于"鸡蛋"，北方商人用的是源自古挪威语的"egges"，而南方商人则坚持使用更为古老的盎格鲁–撒克逊语词语"eyren"。蛋商误解了商人的方言，生气地回复道："（我）不会说法语。"卡克斯顿并不奢望统一国内各种方言，他感叹道："你所在的时代是如何拼写'鸡蛋'的呢？是'egges'还是'eyren'？哎，众口难调呀。"多年来，这两个词并驾齐驱，一直在争夺更高的话语权，而源自挪威语的词

---

① 英国以前用的铜币，于 1961 年停止使用。——译者注

② 古罗马诗人，全名为普布留斯·维吉留斯·马罗，公元前 70 年生于意大利北部，作品有《牧歌集》《农事诗》《埃涅阿斯纪》等。——译者注

语"egg"直到 16 世纪才占领高地。然而，英格兰南部的部分地区固执地拒绝同化，"eiren"一词到了 19 世纪仍出现在肯特郡的方言中，直到后来才消失。这场围绕"鸡蛋"展开的古老用词对决仅剩的痕迹如今留存在指代猛禽巢穴的"aerie"（也拼作"eiry"）一词之中。

第七章

肉鸡

起灶生火

人类吃鸡肉的历史源远流长。古罗马最著名的烹饪书籍《论烹饪》（*De Re Rulinarian*）用整整一章的篇幅介绍了多种人们喜闻乐见的鸡肉做法，其中有一道叫作"帕提亚鸡肉"（Pullum Parthicum）的菜，即用单锅烤鸡配上胡椒、独活草和红葡萄酒；还有一道"罗盘草鸡"（Pullum laseratum），罗盘草是一种神秘的草本植物，现已灭绝。北欧历史上的食谱中也早早出现了鸡肉。13 世纪的烹饪手册《厨艺宝书》（*Libellus De Arte Coquinaria*）记载了用丹麦语、冰岛语和低地德语编写的几十种食谱，其中不乏现代人熟悉的菜色，例如用葡萄酒、草本植物和培根脂肪烹制的"鸡肉饺"（*kloten en honær*），这道菜就算放在现代斯堪的纳维亚地区的菜单上也毫不突兀。

这些古老的食谱证明鸡肉在当时已是常用食材，至于有多少人能经常食用鸡肉，则难以确定。这些食谱中出现了诸如孜然等在当时十分昂贵的香料，说明鸡肉的受众非富即贵，绝非普通百姓，而书面食谱也只有受过教育、有机会接触到文字的人才能读懂。另外，1399年亨利四世的加冕宴会上，鸡肉是国王的餐桌上众多珍馐之一，而当时桌上还有野猪头、小天鹅肉、苍鹭肉、乳猪、孔雀肉还有鹤肉，鸡肉能成为这奢华盛宴的一部分，其重要程度可见一斑。

今天，英国吃肉的人口约占90%，其中多数人每周至少吃两次鸡肉。但是鸡肉是从何时起频繁出现在寻常百姓家的餐桌上的呢？本书前几章介绍过，罗马人擅长养鸡，但蛋鸡和肉鸡的具体比例我们不得而知。许多考古学家认为，鸡肉直到近代为止都不是家常食材，而只是蛋禽养殖的副产品，只有多余的公鸡和不再下蛋的母鸡才会被送上餐桌。而历史上，穷人与富人之间的饮食习惯相去甚远，生活在繁华都市和穷乡僻壤，饮食习惯自然也是云泥之别，而这种差异未必会体现在文字记载或考古记录当中。既然研究难度如此之大，那么对于历史上鸡肉的食用情况，我们又能得出什么有意义的结论呢？

首先，以前的鸡都比如今超市货架上的鸡要小得多。考古学家将伦敦各地历史遗迹中出土的古代鸡的胫骨与现代鸡进行比较，并从鸡的胫骨长度推测出其整体大小。结果发现，鸡骨架的平均尺寸在数百年里竟然没有多大变化。从罗马时代到14世纪，鸡的平均尺寸并不比其原鸡祖先大多少，而从14世纪到19世纪中叶，鸡腿骨的平均长度略微增加，表明鸡长高了一些。总之，到19世纪中叶为止，多数鸡都幸运地超过一千克，与野鸡体重相仿。

相比之下，远东的养鸡户几千年来就一直在完善大型家禽的育种方法。马来鸡或印度阿塞尔鸡[1]等古老品种的脖子长、站姿挺拔，通常比西方的鸡高大，但它们只适用于斗鸡活动，不会成为人类的盘中餐。最好的斗鸡需要精壮的肌肉，而不是鲜嫩的脂肪，因此这些有着几百年历史的品种大多体形精瘦，它们是凶猛的斗士，作为食物却令人难以下咽。那些引进英国的外来斗鸡（如维多利亚女王的交趾支那鸡）也过于好斗，因而无法作为蛋鸡或肉鸡来养殖。一位当代作家绝望地写道："它们从一开始就表现出与生俱来的暴躁，除了养斗鸡的人，多数饲养者都对它们望而却步。我曾见过许多羽毛几乎掉光、完全失明的斗鸡，尽管战斗双方在夜晚都窝在角落里郁郁寡欢，但当第一缕阳光照进来时，它们又重新开始争斗了。"

现存的关于英国鸡肉食用情况的最丰富、最有趣的记录来自中世纪庄园，其中一些详细记录了庄园里饲养的各类动物。令人震惊的是，多数乡绅只愿意零星地饲养几只鸡。从 13 世纪中叶到 15 世纪初，在所有被记录在册的牲畜中，只有极小部分（仅 2%）是禽类。而且，大多数庄园只养 5 ～ 15 只鸡，拥有 50

———————————

[1]　体形较大的印度斗鸡品种。——译者注

只以上的只有少数几个大庄园，还有近五分之一的庄园根本不养鸡。另外，尽管鸡蛋频繁出现在中世纪的食谱中，但在富裕家庭所食用的所有肉类当中，鸡肉的占比还不到 10%。

其中一个原因可能是庄园主一家所拥有的野生或家养禽类实在太多了。《烹饪之道》（*The Forme of Cury*①）是一本 14 世纪的记录详尽的食谱集，据说是由理查德二世的厨师编纂的，书里的家禽食谱看起来就像是一位鸟痴的观察手册：除了鸡之外，被扔进锅里的还有鹅、鸽子、鸭子、野鸡、山鹑、鹌鹑、成年和幼年的天鹅以及杓鹬。作为中世纪最早的食谱汇编，《食谱全集》（*Le Viandier*）一书中有一个菜谱是教人如何快速制作乌鸫派和啄木鸟馅饼的。有如此繁多的品类作为备选，鸡肉自然不会是富裕家庭的首选白肉。

中世纪的宴会和家庭食材清单中确实也存在鸡肉这一项，但这往往是以"阉鸡"的形式出现的。对于中世纪的养鸡户来说，阉鸡有很多好处：第一，阉鸡攻击性较弱，可以愉快地与母鸡和其他阉鸡生活在一起；第二，切除睾丸的公鸡会变成温顺的进食机器，其增重速度也为人称道，一只成年阉鸡比同龄的母鸡或性成熟的公鸡体重更大，肉质也更肥美。阉鸡的肉不像一般公鸡那样多筋、野味重，这是它们长期静坐并被过度喂养的结果。

阉鸡的优点还不止于此。春天出生的雏鸡往往活不过夏天，

---

① "cury"源自中世纪法语中的"cuire"（烹饪）一词，与源自泰米尔语的"kari"一词或常见于印度菜中的"curry"（咖喱）无关。

寿命只有短短几个月，而阉鸡通常要 9 ~ 12 个月才能成熟，因此能活到冬天甚至来年早春，正好填补新鲜鸡肉的缺口。此外，阉鸡还能代替母鸡孵蛋、照料小鸡。16 世纪文艺复兴时期的博物学家康拉德·葛斯纳（Conrad Gessner）就记录了鸡农哄骗阉鸡"收养"小鸡的奇怪行为："（鸡农）喂阉鸡吃浸泡过红酒的面包，把它弄醉后迅速带去暗处。阉鸡恢复意识后，就会误以为身边的鸡蛋是自己下的，便自觉孵起蛋来。"

　　或许你会疑惑，公鸡没有外部生殖器，又如何能"阉"呢？有这个疑问一点也不奇怪。"阉鸡"的英文为"capon"，源自拉丁语"caponem"，而"caponem"的词根"skep"或者"kep"更为古老，意为"切割、刮除"[1]。本书第一章曾提过，公鸡的生殖器长在体内，因此阉割公鸡（又称"去势"）的过程不仅血腥，而且复杂，往往还伴随着风险。阉割手术通常会在公鸡 5 个月大时进行，赶在公鸡性成熟之前，而且需要熟练的"阉鸡手艺人"来操作。幸好这个职业已经被淘汰了。

　　与早期畜牧业中的许多仪式一样，人们也根据斋日等宗教节日来确定阉鸡的时间。给公鸡去势的时间通常定在圣母升天节（8 月 15 日）和圣母诞生日（9 月 8 日）之间。在这三个星期之中，鸡农会将可怜的公鸡绑在桌子上或木桶顶部，在没有麻醉的情况下向它们的两根肋骨之间切一刀，然后撑开伤口寻找其中一个睾丸，将其猛拉出来后，进行切除，而未成熟的公

---

① 即"cut"或者"scrape"。英文中的"scab"也是从这个词根衍生而来。

鸡体内的睾丸可能小如米粒。接着，这只可怜的公鸡会被翻转到另一边，再经历一遍折磨。不难想象，经过如此野蛮而不卫生的手术后，阉鸡的死亡率很高。1375 年英国诺福克郡塞奇福德镇的一份记载显示，在 82 只去势公鸡中，有 30 只"去世"。虽说创造这个高得异常的死亡率的可能是一个外行或新手，但就算是由熟练的手艺人操刀，去势公鸡的平均死亡率也高达七分之一。

去势后存活下来的公鸡能苟活数月，但很快就会迎来最终的羞辱。虽然"填喂法"如今几乎已经被养鸡户遗忘，但到 20 世纪为止，这种历史悠久的喂养方式都如火如荼地进行着。老普林尼在 1 世纪的《自然史》（*Naturalis Historia*）一书中就提到了这种喂养方式，并认为其起源地是希腊的德洛斯岛。德洛斯岛是一个富裕的商业文化中心，在公元前 2 世纪到公元前 1 世纪之间十分繁华。老普林尼的观念与当时的普遍观念相左，他表达了对"填喂法"的不满，认为这种方法过分而残忍："德洛斯人是最早填喂家禽的，也正是拜他们所赐，人们才开始恬不知耻地推崇厚脂包裹的鸡肉，还要蘸着鸡自身的油脂一并吞食。"

养鸡户会专门聘请"填喂工"，在屠宰前 2 ~ 3 个月间填喂阉鸡。若想自行填喂，方法也不少。17 世纪的职业厨师罗伯特·梅（Robert May）就分享了相关技巧，供美食同行参考。这位在法国学厨后回到英国供职的大师在《厨艺精修：烹饪的技巧与秘诀》（*The Accomplisht Cook: Or the Art and Mystery of Cooking*）一书的"填喂家禽的绝佳方法"章节中愉快地介绍了他的填喂方法："有别于所有其他的奇怪技巧，填喂阉鸡最好的方法如下：选用细筛过的大麦粉，混以鲜乳揉成硬面团，随后做成中间粗两头细的填充物，用温牛奶将其浸湿，以此填满阉鸡的肚子，早中晚各喂一次。用不了两三周就能把鸡养得肥美，让每位食客都心满意足。"

梅竟然将其他方法称为"奇怪技巧"，这也真是讽刺。要将一整根香肠般大小的面团从挣扎着的公鸡的喉咙塞进它肚子里，必然不像听起来那么简单。于是，填喂机器应运而生。这是一个竖立的简易料斗，只要脚踩踏板或按下手泵，定量的饲料就能通过管子流出，直接经过鸡的喉咙进入嗉囊（鸡体内用于储存食物的器官）。就像给泰迪熊填充棉花一样，填喂工只需抓住一只鸡，将它的嘴和喉咙推到平放着的喂食管前，然后将一定量的食物挤入鸡体内即可。这些命运悲惨的阉鸡就这样每天被填喂两三次，在人工催肥手段下，体重在 2~3 周里几乎翻倍。

想想阉鸡的死亡率，加上阉鸡的费用、填喂食物的支出，以及雇人照看的工钱，也难怪阉鸡肉只有富人消费得起了。1213 年，约翰国王为举办圣诞盛宴准备了 3000 只阉鸡、1000 条腌鳗鱼、400 头猪、100 磅[①]杏仁和 24 桶红酒。阉鸡肉也是

---

① 约为 45 千克。——译者注

加冕典礼上的常客，通常配以香料做成炖肉，被称为"加冕礼汤"。这种粥状的菜肴由杏仁奶、香料和阉鸡肉一起炖成，于 1068 年首次出现在威廉一世之妻——弗兰德斯的玛蒂尔达（Matilda of Flanders）的加冕典礼上。这道菜非常受欢迎，一直到 1821 年乔治四世的加冕典礼上都还有它的身影。

但说到皇家盛宴，最让贵宾们难忘的一道菜当属"猪鸡肴"——将一半乳猪与一半鸡交叉缝合，从而制成餐桌上的嵌合神兽。一份来自 15 世纪的菜谱介绍了这道奇菜的做法："取一只阉鸡，煮熟后沥干水分，从腰部切开。取一只乳猪，同样煮熟沥干，从腰部切开。取针线将阉鸡上半身与乳猪下半身缝起来，另将剩下两半也缝合起来。再往里填充食材，穿上烤肉扦子，将其烤熟，最后在外层抹上蛋黄、姜、藏红花还有欧芹汁，一道诱人的王室佳肴就能上桌了。"如果这道菜还不够好笑，那再看看"铁盔斗士（Helmeted Cock）"吧，你会看到一只煮熟的阉鸡身穿军礼服、跨坐在一只烤乳猪身上，摆出一副要奔赴战场的架势。

直到一百年后，阉鸡仍是只有少数人才消费得起的奢侈食材。莎士比亚在 16 世纪的作品《皆大欢喜》（As You Like it）中描绘一位物质成就处于巅峰时期的中年法官时，也说他"那胖胖圆圆的肚子塞满了阉鸡"[1]。"阉鸡"一词和莎士比亚所用的许多经过斟酌的词语一样，其引申义在维多利亚时期为百姓所熟

---

[1] 参考朱生豪译本《皆大欢喜（莎士比亚戏剧·汉英对照）》，译林出版社，2018 年 1 月出版。——译者注

知，如今却不为人知晓了①。同时，"阉鸡"还指没有男子气概的、愚笨迟钝的人，用于骂人也极具冒犯性，而"阉鸡法官"指的是收受贵重礼品（特别是阉鸡）的腐败地方官员。

鸡肉能让富人的餐桌熠熠生辉，但对于中世纪农民的日常饮食我们却了解不多。但不难猜测，普通人对待鸡就像对待牛羊一样，只有在母鸡不能再下蛋了，或者公鸡多余的情况下，才会把鸡宰了吃，而能下蛋、配种、孵蛋的鸡都太重要了，绝不能吃。还有一点很能说明问题：20世纪以前，许多农民菜谱都需要将食材放入汤中慢火细熬，因为只有这样才能使又老又柴的肉变得可口。多萝茜·哈特利（Dorothy Hartley）在深入探究了英格兰历史上的美食后，发现了许多有趣的菜谱，如"炖老母鸡"（Old Fowl for Pot-Roast），或者用老公鸡做的"鸡肉韭菜汤"（Cockaleekie），还有听名字就很吓人的"爆炸柴硬老鸡肉"（A Very Tough Old Fowl Exploded），等等。

能帮助我们探索中世纪农民饮食习惯的方法不多，其中之一是观察古代陶器碎片上的食物残渣。考古证据显示，普通百姓的主要烹饪工具是可以放在火堆里或火堆旁的陶制"炖锅"。从锅里的脂肪等残留物的细微痕迹可知，在普通百姓的日常饮食中占据主导地位的是黏粥、浓汤以及乳制品。谷物既可以做

---

① 莎士比亚还用"阉鸡"一词暗指情书。这个用法曾让许多学者困惑不已，后来发现这是因为当时一封信的折叠样式可以传递信息，而将信纸折成长着双翼的鸡的样式，就被称为"阉鸡信"，收信人一看就知道这是一封承载着爱意与秘密的情书。

成面包，也可以在慢炖后加入少量的肉块或肉脂调味。韭菜、芥属植物和草本植物都是常见的自种食材。虽然百姓吃蛋，但食用禽肉的痕迹几乎没有。

提到平民吃的肉类，羊肉、猪肉、牛肉甚至马肉都比鸡肉更有可能出现在厨房的炖锅里。但同样，这些家畜也要等其原有的某些功能被消耗殆尽之后才会被送上饭桌，比如不再产奶的牛、不再产出优质羊毛的羊、驮不动重物的马，等等。写于14世纪末的诗歌《农夫皮尔斯》（*Piers Plowman*）就很好地反映了普通农民的食材之匮乏情况：

> 皮尔斯说："我身无分，买不起小母鸡，
> 也买不起鹅肉猪肉，只能买两片生奶酪，
> 几块凝乳，一块燕麦饼，
> 再给孩子买两袋烤米糠和干豆。
> 但我发誓，我没有腌培根肉；
> 天呐，没有鸡蛋，薄肉片 ① 也成泡影。
> 所幸还有韭菜、大量卷心菜，还有欧芹。"

---

① 一片培根肉或者培根煎蛋。

鸡肉食用的情况到了乔治王朝也没多大变化。一位名叫博宁顿·莫布拉（Bonington Moubra）的绅士发现他的英国同胞并不愿意大量饲养肉鸡，也不会大量食用鸡肉。他曾在 19 世纪初评价道："英国的屠宰肉制品的消费量可能是世界第一，但鸡却始终被视为奢侈品，不会被大规模饲养。相比之下，法国、埃及等国则大量养鸡，鸡肉成了生活中不可或缺的食物，而不是只有生病了才能享用的珍稀食材。"鸡肉稀缺的情况也出现在了大西洋的另一边。即使到了 20 世纪 20 年代，多数美国人仍把鸡肉视为珍馐。1928 年，共和党登报宣传自己不是"穷人的政党"，而是一股追求财富和机遇的政治力量。他们吹嘘道："共和党的繁荣减少了工作时间，提高了生产能力，消灭了不满情绪，提出了'家家有鸡吃'的著名宣言。"这场见报的竞选宣传如今仍老少皆知。

　　以鸡为重点设计竞选宣传语也是别出心裁。据说这是从波旁王朝的亨利（即 1589—1610 年统治法国的亨利四世）的一句宣言中获取的灵感："如果上帝让我更长寿，那么我将让王国里每个农民都能吃上鸡肉。"这样的观念几乎原封不动地延续到了300 年后的美国，可见鸡肉之珍贵。而且当时的鸡肉和牛腿排一个价格，甚至比猪肉或火腿还贵。再者，且不说共和党是否真的做到了让其选区内的家家户户都吃上鸡肉，如此设计宣传语已经说明他们坚信这种承诺能为他们争取选票。

在这之前几年，美国对外贸易局发布了一份报告，重点说明养鸡业的问题和赢利潜力。报告的作者乔治·坦纳（George Tanner）是一位驻比利时的外交官，他强调了法国、荷兰和比利时等国依靠大规模向英国出口鸡蛋赚得盆满钵满的情况，尤其是法国。而且报告称，赢利的趋势只会一直发展下去。1856—1874 年，仅从法国农场出口到英国的鸡蛋产值就从每年100 万美元飙升至每年 1400 万美元（相当于如今的 3000 多万美元），上涨了 13 倍。

大量出口鸡蛋后，法国自留的鸡蛋仍能满足国人的需求。然而，实现这场商业神迹的并不是运作良好的大型家禽企业，而是众多小型独立蛋商组成的销售网。主妇们将从家庭农场里收集的零星几颗蛋卖给中间商，再由这些蛋商将鸡蛋出口到英国。虽然个人卖鸡蛋所获的利润微薄，但耐不住交易量大。尽管养鸡需要租赁昂贵的场地，建造鸡舍、提供饲料、雇用饲养员等也要花很多钱，而且家禽疾病带来的损失不可避免，法国冬季又气候恶劣……但蛋商仍然认为这是一门值当的生意。

既然这样，为什么美国这片充满机遇的土地不从中分得一杯羹呢？坦纳极力主张说："世上没有比美国更适合发展家禽养殖业的地方了。"这里不仅气候更合适，而且养鸡的各项成本也更低——从建筑木材到谷物，再到可用地面积。坦纳表示这个逻辑同样适用于肉鸡养殖："但凡知道欧洲的气候是多么不适于家禽养殖，了解为此需要花费多少钱的人，就能一眼看出美国农民所拥有的得天独厚的优势。这种优势体现在方方面面，只要他们能坚持下去。养鸡不需要多么费心劳力，却能给他们带来可以与养猪、种大麦或种棉花媲美的可观收入。"

虽然这份报告呼吁美国男人奋起应对养鸡业的挑战，但实际上开辟了如今为人所熟知的"肉鸡"行业的是一位不善言辞的农妇。肉鸡指的是农民为吃肉而饲养的鸡，英文为"broiler"，源自烹饪术语"to broil"，即用明火烧、烤。斯蒂尔夫妇是贫穷的农民，住在特拉华州德玛瓦半岛的偏远乡村里。丈夫大卫·威尔默·斯蒂尔在当地的海岸警卫队找到了一份工作，于是妻子塞西尔·斯蒂尔只能自己打理农场，将家里一小群母鸡下的蛋拿去卖。

1923 年，为了增补鸡群，塞西尔向孵化场预定了 50 颗受精鸡蛋，但由于办事人员粗心大意，孵化场最终给塞西尔送去了 500 颗蛋。面对超过所订数量 9 倍的鸡蛋，塞西尔决定自行消化。她建了一座大型鸡舍，尝试把它们当作肉鸡来催肥，因为喂养蛋鸡需要长期的支出，而她难以负担。经过 18 周的精心喂养，最初的鸡群中有四分之三存活了下来，且每只体重接近 2磅①，这在当时已经足以上市出售了。关键是，塞西尔发现这样能在短期内获得巨额回报。于是，她第二年购入了 1000 颗受精鸡蛋，第三年直接买了 1 万颗。当地其他农民在看到塞西尔的肉鸡事业发展得如火如荼后，也决定不再观望，亲身入场养起了肉鸡。到了 1928 年，塞西尔的养鸡场里已经有 2.6 万只肉鸡，同时期的德玛瓦半岛上另有 500 多位农民在孵化自己的肉鸡养

---

① 约为 900 克。——译者注

殖计划，为东部海岸的大城市输送鸡肉。

这种商业模式看似简单，但事实上早在19世纪80年代，美国农民就尝试过了，只是他们都没有获得持续的成功。相比之下，塞西尔的养鸡事业遇上了大环境的绝佳风口——"咆哮的二十年代"，即美国经济急速发展的时期。美国的总财富在这十年间翻了一番，人均收入增长了四分之一以上。丰富的原材料（尤其是煤、铁和石油等）被发掘，大规模生产技术涌现，还有关税壁垒保护国内产业、降低外国竞品的吸引力，种种利好因素叠加在一起，让美国的商业蒸蒸日上。此时的许多城市家庭发现，曾经的"奢侈"食品如今他们也吃得起了，鸡肉就位列其中。与此同时，美国农业的传统领域却经历了灾难般的重创。农业机械化和作物生产过剩导致粮食价格暴跌——小麦批发价格从1920年高点时的每蒲式耳①2.45美元骤降至1932年的49美分。对于想改养肉鸡的农民来说，谷物的价格突然变得前所未有的便宜。

上文提到，20世纪初英美两国的蛋农就已经实现了鸡蛋的大规模孵化。他们将孵化小鸡这个最为耗时的步骤外包给了孵化场，以求实现关键突破。像塞西尔这样的养鸡户不需要自己

———————

① 一种计量单位，用于测量固体物质的体积。1蒲式耳在英国相当于36升，在美国相当于35升。——译者注

饲养有繁殖能力的母鸡，而可以直接向孵化场订购大批受精鸡蛋或已孵化的小鸡。同时，运输和冷藏技术的改进、大型连锁杂货店的兴起，以及孵化场和饲料公司对肉鸡养殖户随意赊账的默许，都促进了肉鸡养殖行业的发展。除此之外，在20世纪20年代中期，德尔马瓦半岛的蛋农也经历了一段"至暗时期"：马立克氏病的暴发夺走了许多家鸡的生命。蛋农养殖的品种多为白色来亨鸡，因为这个品种能连续下蛋，但缺点是它们长到三个月大之后极易患上马立克氏病。然而，它们长到三个月大就可以开始催肥，作为肉鸡出售了。因此"蛋转肉"这条路为绝望的蛋农提供了一线生机。

德尔马瓦半岛位于美国东海岸，非常便于向纽约、华盛顿特区和费城等大城市运送鸡肉，其中纽约可谓是"求鸡若渴"。20世纪初，全美75%的一代和二代犹太移民都在这里安家，纽约成为世界上最大的犹太城市。由于犹太人不能吃猪肉，在20世纪20年代，纽约的200万犹太家庭的鸡肉消费量占全市的五分之四以上。鸡肉之所以受犹太人偏爱，不仅是因为吃鸡肉符合宗教习俗，还因为它的价格是其他肉类的两倍多，而昂贵的食物才足够特殊，适合在安息日等犹太节日时食用。像塞西尔·斯蒂尔这样的德尔马瓦半岛农民可以把那些生龙活虎、咯咯叫唤的鸡直接送到纽约，中间商会买下，再分销给犹太洁食屠宰场。十多年来，他们运输的一直是活鸡，直到20世纪30年代末，特拉华州开设了第一家加工厂，可以将鸡屠宰后用冰袋保鲜，直接运往城市中心，供应给犹太人占比逐渐缩小的市场，或者不那么严格的二代犹太移民社区。

美国加入第二次世界大战后，国民的鸡肉消费量达到历史新高，但鸡肉仍未成为日常饮食的一部分。战时的美国定量供应红肉，但鸡肉不受限制，需求的激增也刺激肉鸡养殖产业的新一轮增长。1939 年，《美国家禽》（*American Poultry*）杂志向专家提问："战争会对美国的家禽业产生什么影响？"专家回答道："鸡肉非战时物资……军队里不吃鸡肉。"但就在一年后，（特别是来自德尔马瓦地区的）肉鸡被征集成军用物资，为战事助力，这也让肉鸡生产商的压力更大了。当时的肉鸡饲养仍然是劳动密集型产业，家禽所需的最基本的生活条件（包括栖息场所、煤炉供暖、不断供应的饲料和水、日常照料等），环环都需要投入大量的人力。就连鸡死后的流程也不简单，被宰杀的鸡经过处理才能运走，每一步都需要大量年富力强的男性劳动力，但问题是这些壮丁大多都上战场了。于是一段鲜为人知的精彩故事就此上演——美国开始利用纳粹战俘保障军队的鸡肉供给。

战争进入第三年时，英国再难腾出空间容纳成千上万的战俘，只能向美国求助。从 1942 年起到战争结束，约有 40 万敌方战俘被转运到美国，关押在乡下的集中营里。德尔马瓦地区的肉鸡养殖产业劳动力短缺尤为严重，一方面因为该地的男子都远赴他乡、保家卫国了，另一方面：当地留守的妇女为了更高的工资也多从鸡肉加工厂跳槽到罐头工厂。为此，德尔马瓦地区 6 家鸡肉加工厂的老板决定联手，在当地搭建战俘营。1994 年夏天，第一批由 300 名德军士兵组成的劳工团正式上工。直到战争结束，德尔马瓦半岛累积接收了 3000 多名战俘，他们被分配到当地的孵化所、农场、鸡肉加工厂和饲料加工厂等地劳作，主要是为了满足美军的需求。

等到战争结束后，人们对鸡肉的态度已经发生了根本性的转变，但要想让鸡肉成为人人吃得起的日常食材，生产流程还需要降本增效。另外，尽管加工厂已经开始使用节省劳力的设施和类似传送带的生产系统，最终问题还是落在鸡过轻的体重上——当时平均每只鸡的重量还比不上一袋糖。提高肉鸡生意利润空间的唯一秘诀，就是培育"巨鸡"，而为此，业内需要具备两个条件：一是找到天生就体形更大、身材更丰满的品种，纯种和杂交种都可以；二是想办法以尽可能少的饲料将鸡喂得尽可能大，如果生长速度还快就更好了。

从罗马时代到中世纪再到 19 世纪，被端上餐桌的鸡的平均重量基本保持在一千克以内。在阉鸡生命中最后几周的悲惨时光对其疯狂填喂，固然能催肥，但并不会从根本上改变这个品种的基因。在 19 世纪中期的宠物鸡热潮期间，不少体形巨大的鸡被引进英美，但它们并不适于食用或者饲养。例如进贡给维多利亚女王的马来斗鸡就因天性好斗而不能被成群饲养，更何况它只有在炎热的气候下才能长得好。而像泰迪熊一般毛茸茸的交趾鸡和矮脚鸡虽然温顺耐寒，但产蛋量不多（因此很难实现大规模孵化），而且它们成长速度较慢，肉质粗糙，不符合大众口味。

然而，在 1945 年，大西洋和太平洋茶叶公司（Great Atlantic & Pacific Tea Company）决定与美国农业部联手发起寻找世上最佳肉鸡品种的比赛。这场名为"明日之鸡"的比赛有着宏大的目标：寻找肉鸡届的"拳头产品"——"胸脯要宽厚、鸡腿要健壮、股部要丰腴、白肉要够多"。一场肉鸡的选美比赛拉开了帷幕，参赛者需要先参加一系列州内和地区的初赛，再进入全国决赛一决高下。比赛从"皮肤纹理"和"体形匀称度"等多个角度评奖，获奖者将得到数千美元的现金奖励。活动邀请了全国各地的鸡农，他们将精选的受精鸡蛋送到比赛专用孵化场，严格控制孵化条件。孵化后的小鸡在完全相同的条件下被喂养，由工作人员严格监测并记录它们的饮食和体重增长情况。这场比赛要找的品种不仅是身材最丰满的，而且是具有最佳"饲料转化率"的鸡，即能最大限度地将吃进去的食物转化成身上的肉的品种。

12 周后参赛的鸡会在称重后被宰杀，并对其外观、瘦肉与肥肉的比例等特性进行评审。在 40 名决赛选手中，获得"身体特性"类全国冠军的是属于亨利·萨格利奥（Henry Saglio）的阿伯·阿克斯。那是一只肉质丰满、羽毛洁白的洛克鸡。萨格利奥是康涅狄格州的一位鸡农，他发现白羽鸡拔毛后留下的黑色杂毛比外层苍白的羽毛更引人注目，于是开始饲养这种鸡。在"生产经济性"分类中获胜的是万特雷斯孵化场的主人查尔斯和肯尼斯兄弟的杂交品种。这对兄弟杂交了两种鸡：公鸡选的是身材矮壮、胸脯宽厚的科尼什鸡（Cornish），这种鸡因生长速度太慢而无法成为商用肉鸡；母鸡选的是温顺又贪吃的新罕布什尔红鸡（New Hampshire Red），其具有早熟、易增重的优点。两个品种的"杂交科尼什鸡"（Cornish Cross）在饲料转化率和增重速度方面都脱颖而出。

后来，由"明日之鸡"大赛发掘的杂交科尼什鸡和白洛克鸡成为现代肉鸡养殖产业的奠基品种，之后几乎所有的肉鸡都是以其中一种或者两种为基础进行培育的。20 世纪 50 年代后，家鸡遗传学公司进一步完善了这两个品种，经过密集而复杂的遗传选择和新品培育，如今的品种与最初获奖的两个品种相去甚远。20 世纪 20 年代，农民需要花费 100 多天的时间，耗费高达 5 千克的谷物，才能养成一只肉鸡，但它被送去屠宰场时的体重仅有 1 千克多。"明日之鸡"大赛后，一只鸡长到可屠宰重量所需的时间开始逐年下降，同时鸡的体形逐渐增大，所需的食物量却逐渐减少。20 世纪 50 年代中期，一只鸡长到 1.3 千克，需要 70 天，吃 4 千克粮食；到了 70 年代中期，同种鸡仅靠 2.7 千克饲料，就能在 56 天内长到 1.7 千克。

随后，肉鸡养殖的效率一路飙升。经过数十年的育种研究，各色品种层出不穷，加上高效能的饲料以及维生素和抗生素等药物的作用，如今的肉鸡与过去的相比俨然长成了"庞然大物"。据美国国家鸡肉委员会统计，2020 年肉鸡的均重相较于 20 世纪初几乎增长了两倍，只需一点点食物，肉鸡在 47 天内就能长到 2.9 千克。在英国出售的鸡体形较小，均重只有 2.2 千克，但从小鸡变成鸡肉大餐只需 35 天。烤鸡所用的"超大型"鸡通常超过 4 千克，提着十分吃力，但它足以满足一个 6 ~ 8 口之家的需求了。说肉鸡的"寿命不长"是一种委婉的表达，现代的肉鸡只有 7 周左右的寿命，年龄很小但体形超大的"巨婴"就这样被送上餐桌。家养母鸡寿命长些，至少可以活 10 年，但别忘了它们的祖先红原鸡是可以活 30 年之久的。

肉鸡育种的研发成本高，这导致了美国科宝（Cobb–Vantress）和德国安伟（Aviagen）这两大育种公司对育种技术的垄断。在世上任何地方买到的鸡，都很有可能是这两家公司的研究成果，其遗传特征都经过控制。事实上，培育肉鸡品种、提高肉鸡品质的过程非常神秘，肉鸡甚至都不以其品种命名，而是有着专门的品牌或商标（例如"科宝 500"或"罗斯 308"等），肉鸡的血统相当复杂。

杂交品种或许会是优质肉鸡，但其后代会随机出现前几代的某种或某几种特征，无法稳定繁殖。因此，为了获得性状稳定的肉鸡，家禽育种公司要进行复杂的世代杂交。家禽育种的世界与王室一样，都是血统至上。育种公司以多种纯种鸡为核心，培育出完美的杂交后代。育种从一小批精选品种开始，大约要经历四年的代际繁殖，从原代（曾祖代）到祖代，再到父母代，最后才是商品代。每一代的数量都成倍增长，少而精的原代将其优质遗传基因传递给了数十亿后代。这些肉鸡的"族谱"不仅复杂，还涉及商业机密，因此只能在生物安全性高的高科技遗传育种机构内部培育，外界根本无法效仿。

人类培育出的体形更大、长得更快、吃得更少的肉鸡能降低鸡肉价格，这对消费者有利，也将鸡肉从只能偶尔享用的奢侈品转变为日常食材。家禽业也是美国第一个实现"农业商业化"的领域，多个不同阶段的家禽处理业务被整合在一起。在早期的肉鸡养殖产业里，饲料厂、孵化厂、养殖场和屠宰场（也称为"加工厂"）都是独立经营的企业，而"明日之鸡"大赛举办后不久，这些不同阶段的业务逐渐合并，由一家大公司经营，此举有效地降低了成本。英国政府从 20 世纪 60 年代起开始记录鸡肉的均价。考虑到通货膨胀，以今天的物价水平计算，50 年前一只肉鸡均价约为 11 英镑，但现在超市出售的中号整鸡的价格比一杯拿铁还低[①]。

在一个现代化的综合肉鸡公司中，除了最初的"亲本"育种外，整个过程从头到尾都由公司承包。集约化的肉鸡养殖旅程从在育种机构里产下的蛋开始，鸡蛋随后会被运输到单独的孵化场进行 3 周的人工孵化，出生一天的新鲜小鸡又会被转移到一个精加工机构或养殖场，3 万 ~ 5 万只小鸡在控温大棚里被一同饲养。大约 7 周后小鸡就会达到理想体重，随后被送往屠宰场。宰杀处理后的鸡肉可能会被送往其他工厂，制成各类食物。至于羽毛、鸡血、骨头、鸡皮、鸡脚等副产品，要么会被烧掉，要么会被加工成让人意想不到的东西。对此，下一章会进行深入介绍。

鸡肉的消费量在过去几年中超过了猪肉，如今位居全球第

---

① 作者在撰写本文时，奥乐齐（Aldi）超市的整鸡价格为 2.75 英镑，而尼路咖啡（Caffe Nero）一杯普通拿铁要 3.15 英镑。

一。2021 年，全球鸡肉消费量激增至 1.3 亿吨，相比之下猪肉
只有 1.12 亿吨，而牛肉只有 7000 万吨。为了满足人们的口腹
之欲，每年宰杀的鸡多达 660 亿只，现在每时每刻，地球上活
鸡的数量都超过 220 亿只，平均每个地球人都能分得将近 3 只。
鸡的祖先是生活在与与世隔绝的异国他乡的原鸡，但如今家鸡
的数量已经是所有野生鸟类总数的 3 倍了。

　　人类所培育的家鸡与其原始形态相去甚远，甚至导致家鸡
在没有人类技术干预的情况下再也无法独立生存。人工选择让
肉鸡长得又肥又快，但随之而来的是糟心的健康问题。饲料转
化率高的鸡，代谢率和耗氧量往往很低，因而容易出现心脏衰
竭和腹腔积液等问题。英国皇家学会的一份报告称，现代肉鸡
就算到了屠宰时间不杀，也不太可能活到成年。让鸡腿和鸡胸
肉快速生长的基因也会导致各种问题，如让心肺等重要器官
尺寸变小，从而影响鸡正常的机体功能。现代肉鸡体形肥硕、
胸脯宽大、鸡腿粗壮、重心低，这也会导致跛行和骨骼问题，
使其无法正常行走。曾经有一个实验让肉鸡活到 9 周（而不
是 5 周）才送去屠宰场，结果在屠宰日期前死亡的鸡的数量
翻了 7 倍。

　　现代肉鸡既温顺又贪吃，是人工养肥动物的典范。用于配
种的肉鸡要长到 15 ~ 18 周才能达到性成熟，因此必须严格限
制饮食，使其长期处于饥饿状态，否则它们会过早死亡，或因
长得太大而无法交配。然而，一篇研究论文显示，这可能导致
肉鸡"长期饥饿、情绪低落和紧张"，雄性也因此会对雌性表现
出高度攻击性。英国传统的肉鸡养殖业为鸡制定的生活标准比

很多国家都高，但法定的放养密度（每平方米的鸡的质量）也高达 33 千克，约为 15 只标准体形的肉鸡。讽刺的是，一个标准烤箱的占地面积约为 0.25 平方米，也就是说肉鸡死后享有的空间比其短暂生命中的任何时期都要宽敞。

第八章

先驱

"农场制药"与未来之鸡

　　胆小的人可别去英国皇家外科医学院内的亨特博物馆。这座博物馆就像是恶魔的糖果店，架子上陈列着一排排玻璃罐，只是罐子里装的不是糖果，而是 18 世纪的解剖标本。收集这些标本的是外科之父、疯狂鬼才约翰·亨特（John Hunter）。在这数以千计的令人毛骨悚然的展品之中，有疝气标本，也有数学家查尔斯·巴贝奇（Charles Babbage）的左脑，当然最奇怪的当属一个嵌着一颗人类牙齿的鸡头。

　　亨特对解剖学和器官移植如痴如醉，据说他的启蒙作品是罗伯特·路易斯·史蒂文森（Robert Lewis Stevenson）的小说《化身博士》（*Dr Jekyll and Mr Hyde*）。亨特不仅会花高价从非法盗尸者手中购买尸体，还在位于伦敦郊外的自家住宅里建了动物园，用里头养着的动物进行实验和尸检。从狮、豹到羊、狗、猪，无论是外来的还是本土的动物，都会成为他古怪科学研究的实验对象，而他下手时，这些可怜的动物往往还在蹬腿尖叫。作为实验对象的鸡是其中值得不断探索的丰富宝藏。在早期实验中，他曾切下一只公鸡的距，嫁接到鸡冠上，而鸡距竟奇迹般地融合在鸡冠之中继续生长。这个实验的灵感来自巡游表演中一个"古老而著名"的小把戏——人们以同样的"嫁接"方式将鸡改造成了独角兽般的"怪胎"，从而带着它四处巡游赚钱。事实证明，鸡冠血管丰富，是体外移植的绝佳受体。牙齿移植实验的成功让亨特大受鼓舞，于是很快便开始了新一轮的实验，他先是将一只小公鸡的睾丸移植到它的肚子上，然后在此基础上又将睾丸移植到一只母鸡身上。神奇的是，所有移植实验都成功了。

随后，亨特将目光转向口腔科学。在 18 世纪，牙医不仅声誉差、地位低，行医风险还很高，虽然赚的钱不少。亨特坚信自己能找到给有钱的病人种植牙齿的方法，但首先他得证明这个方法行得通。亨特在 1778 年发表的论文《论人类牙齿的自然史与疾病》（ *Treatise on the Natural History and Diseases of the Human Teeth* ）中描述了实验过程："我从一个人的口腔里取下一颗健康的牙齿，然后用手术刀在鸡冠较厚的部分划一道深深的口子，将牙根压进去，再用线穿过鸡冠的其他部分以将牙齿固定在鸡冠上。几个月后，我把这只公鸡杀死，给它的头部注射了微量药剂，并将鸡冠取下后放入弱酸中，以软化牙齿，再顺着牙齿生长的方向将鸡冠和牙齿切成两半。我发现牙齿的血管内部血液充盈，还观察到牙齿表面丰富的血管充分附着在鸡冠上，就像牙齿紧密附着在牙龈和牙槽中一样。"但事后亨特也就实验结果作出了补充说明："可以说，这个实验一般不会成功，在大量的实验中，我只成功了一次。"

后来，亨特继续推广牙齿移植手术。1839 年，亨特那篇关于牙齿的论文重印时，同行的外科医生托马斯·贝尔（Thomas Bell）在文中注道："（牙齿移植）相关手术成为他的最爱，而且这样的手术由他亲自操刀或在他指导下进行了很多次。"捐牙的通常是穷人，他们为了得到一小笔报酬而在没有麻醉的情况下拔掉健康的牙齿，这颗牙随后会被移植到富人的牙床上。虽然移植的牙齿可能会在牙龈上待上几年，但它很难真正地"生根发芽"，还容易传播疾病，因而牙齿移植手术臭名昭著。反复的失败"使得后来的从业者几乎全都放弃了这种手术"，但亨特的鸡冠种牙实验成为了解血管生长特性、发展牙齿移植术的重要基石。时至今日，爱尔兰皇家外科医学院牙科医学系的礼袍上仍绣着一只鸡冠上顶着牙齿的公鸡，以此纪念亨特离经叛道又具有里程碑意义的成就。

事实上，在疫苗的研发过程中，鸡也发挥了重要作用。有一些疫苗的机制是通过注入减毒或失活的病原体（导致疾病的微小有机体）刺激人体的免疫系统来产生抗体，从而对抗病毒和细菌等病原体，而接种者不会出现严重病状。古代文明已经粗略理解了其中原理：从历史记载来看，人们曾将天花患者的干痂压成粉末，吹进健康人群的鼻子里，让他们感染温和版的天花，以此产生抵抗力。还有一种方法是将天花干痂粉末或脓液抹在皮表创口上——这种做法出现在非洲和亚洲部分地区，18 世纪时通过口口相传和远游的旅人传到欧洲。

感染了天花的患者会因其而死，幸存者也往往双目失明，皮肤上留下触目惊心的伤疤。英国乡村外科医生爱德华·詹纳

（Edward Jenner）注意到，染上症状轻微的牛痘病毒的挤奶女工似乎对更为致命的天花免疫。1796 年，他通过皮表伤口成功让一名 8 岁男孩感染了牛痘病毒，几个月后，他又让这个孩子感染了天花病毒，但这个孩子并没有出现严重的症状。随后，詹纳又在 23 个受试者身上验证了他的假设，其中就有他的儿子罗伯特。1801 年，他出版了《接种疫苗的起源》（*On the Origin of the Vaccine Inoculation*）一书。他在书中总结了实验成果，并且坚信："坚持接种疫苗，最后一定能将天花这种人类历史上最可怕的疾病完全消灭。"虽然医学界最初并不愿意承认詹纳的研究成果，但到了 1840 年，英国政府通过了《疫苗接种法》，为百姓免费接种天花疫苗。后来 1853 年版的法案规定每个孩子出生后必须接种疫苗。

20 年后，法国微生物学家路易斯·巴斯德（Louis Pasteur）开启了对抗鸡霍乱的旅程。当时鸡霍乱在家禽群体中肆虐。一直非常认可詹纳成果的巴斯德相信，既然能找到对付天花的疫苗，那么找到对付其他人类或动物疾病的疫苗也指日可待。巴斯德当时正在为鸡群研发一种用霍乱菌培养而成的疫苗，但由于疫苗威力太猛，许多鸡在接种后不久就死亡了。就在研究一筹莫展之时，一个意外惊喜悄然降临。他让助手在休假前给一批新到的实验鸡注射疫苗，但助手忘记了，直到他回来后才给鸡群注射已经放置了几周的疫苗。接种后的鸡群只出现了轻微症状，而且很快就完全康复了。之后再给鸡群注射新制的霍乱细菌时，没有一只鸡生病。巴斯德意识到，暴露在空气中的霍乱病菌培养物会随着时间的推移而减弱毒性，成为一种更安全有效的疫苗。而且，虽然使用减毒病菌激发免疫力的想法并不新鲜，但无心插柳的巴斯德和他那懵懂的鸡群成功在实验室环境下证明了该方法的可行性。随后的一个世纪里，人们针对白喉、鼠疫、肺结核、黄热病、麻疹、腮腺炎和风疹等疾病研发出了多种减毒疫苗，成功挽救了数百万人的生命。

然而，要想让疫苗完全为世人所接受，就必须找到能批量生产品质稳定的疫苗的可靠方法。细菌可以在实验室的琼脂凝胶等合适的培养基中生长，但病毒需要感染活细胞后通过自身的遗传指令进行复制，而无法自我复制。在整个 19 世纪，科学家不得不经常以活体动物（有时是人类）为宿主来培养病毒①，将养成的病毒收集起来，再制成安全的疫苗。例如天花病毒是在小牛的皮肤上培养的，而狂犬病毒是在兔子的皮肤上培养的。在 20 世纪早期，几位科学家试图在组织碎片上培养病毒，而不使用活体宿主，但有两个问题一直难以解决：一是

①　早期的天花疫苗是通过人体进行传播的：感染牛痘的人约一周后皮肤上会长出水疱，医生会将其刺破，收集里头的脓水，再通过创口传给未感染的人。但脓水的功效无法在体外持续太久，因此如果想将这种疫苗带去国外给殖民地居民接种是很困难的。19 世纪初，有人想出了一个惨无人道却很有效的方法：将最小只有 3 岁的孤儿带上开往国外的船，先让一个孩子感染牛痘病毒，约 10 天后再传染给下一个，以孤儿作为活体病毒携带者形成"疫苗链"，这样可以保证数月后船靠岸时疫苗仍然有效。

一些病毒始终无法在人工环境中生长，二是组织样本经常受到污染。没有纯净无菌的环境，细菌等污染物会破坏病毒培养的结果。

在20世纪20年代，病理学家欧内斯特·古德帕斯丘（Ernest Goodpasture）和尤金·伍德拉夫（Eugene Woodruff）与爱丽丝·伍德拉夫（Alice Woodruff）夫妇在美国范德堡大学从事病毒研究。古德帕斯丘曾在第一次世界大战期间担任海军医生，目睹过1918年西班牙大流感的惨状。这场流感在全球范围内波及了约5亿人，平均每10人中就有1人死亡。古德帕斯丘坚信，若想在致命流感再度来临之时用疫苗保护平民的生命，活体动物宿主或者又费钱又容易受到污染的组织培养是靠不住的，必须从科学中找到能低成本地大量培养无菌病毒的方法。

在对鸡痘病毒进行实验时，他灵机一动，想到可以使用受精鸡蛋。众所周知，鸡蛋拥有丰富的营养物质和优越的生长条件，能孕育胚胎。同时，鸡蛋也是可以滋养生命的天然无菌的容器。古德帕斯丘和伍德拉夫夫妇经过多次失败的尝试后，终于找到了正确方法：在鸡蛋的外壳上切开一个小孔，将少量的病毒注入膜中，用玻璃覆盖小孔，再用凡士林密封之后将鸡蛋放入孵化器。随后几天里，鸡痘病毒大量繁殖，每颗鸡蛋中都培育出了有用的病毒，更重要的是，病毒都没有受到污染。实验的成功让古德帕斯丘和他的同事们受到鼓舞，于是他们又将目光转向了其他病毒。除了疱疹病毒，团队还成功地培养出了天花病毒。每颗蛋都奇迹般地培养出大量疫苗原料，足以制作为1000名儿童接种的疫苗。很快，其他研究人员也效仿起来，利用同样的技术在几年内批量研发出针对黄热病、斑疹伤寒等疾病的疫苗。最终，流感疫苗也诞生了。

第二次世界大战开始时，美国政府害怕1918年那样的大流感再次上演，大规模侵害军人的健康，于是大力资助流感疫苗研发，从而大规模提供疫苗接种服务。据统计，第一次世界大战期间美国军队的伤亡人员中，有近80%死于当年的流感。这种病毒杀伤力极大，让美国情报部门甚至误以为是德国人故意释放的。数百万的难民和军人挤在营地、船只、卡车和飞机上，这样的环境为病毒提供了完美的温床，并最终酝酿了一场灾难。第二次世界大战期间流感委员会的主席小托马斯·弗朗西斯（Thomas Francis Jr）博士道出了美国政府的担忧："1918年致死率极高的大流感发生在第一次世界大战的最后几个月，旷日持久的战事让人们疲惫不堪，大规模的军事动员和平民动乱，将战乱与病毒这两场灾难彻底捆绑在一起。事实证明，高毒性流感病毒对人类生命的威胁可能比战争本身还要大……如今又一次世界大战爆发，难免让人想起1918年的阴影，同时也担心战争会再次为流行病的出现提供条件，将流感的杀伤力推向新高，从而引发致命灾难。"但得益于古德帕斯丘等科学家对流感疫苗的改进，1945年美国军队为800万部队成员接种了疫苗，避免了战后的大范围流行病，人们悬着的心终于落地。次年，用鸡蛋研制出来的疫苗开始向公众普及，到20世纪50年代初，美国的流感死亡人数已经减半。

尽管后来科学界意识到，为应对不同的毒株，每年都必须配制新的流感疫苗，但古德帕斯丘的成果毫无疑问是医学史上的一个重大里程碑。从那之后，鸡蛋一直被用于研制季节性感冒和大型流行性感冒的疫苗，拯救了无数人的生命。仅在美国。每年就有约 5 亿枚鸡蛋被用于生产疫苗。然而，转折出现了——由于禽流感的暴发，鸡蛋的供应受到严重影响，政府需要研究可以替代鸡蛋的病毒培养皿。制造疫苗的鸡蛋来自寥寥几个秘密农场，里头的鸡是专门为生产高质量的"疫苗蛋"而饲养的。在过去的几十年里，全球家鸡数量激增。1990—2007 年，全球对鸡肉的消费量增加了一倍多，从此间任一时间点看，世上都有超过 200 亿只活鸡。

世界动物卫生组织表示，近年来，禽流感的频发与农业作业方法的变化有关，如鸡群的高密度饲养、遗传同质性、家禽的密集化养殖和活禽贸易的全球化等。另外，美国政府问责局最近向国会提交的一份报告显示，一例禽流感就会毁灭大量的鸡，而不管这些鸡是否被感染："从目前家鸡的商业饲养环境来看，如果一只鸡感染了禽流感，就会有几十万只鸡需要被消灭。"专门为产"疫苗蛋"而饲养的鸡通常会被关在生物安全等级高的地方，但没有任何地方能完全逃离禽流感的魔爪。一旦脆弱的"疫苗蛋"供应链因疫情暴发而受到影响，很可能就会导致全国性的流感疫苗短缺。为守护人类流感疫苗的未来，科学家正加速研发禽流感疫苗，这是一个令人头疼的怪圈。

虽说一些生产商已经开始寻找"疫苗蛋"的替代品，但对鸡蛋的研究从未止步。人类许多疾病的产生是因为身体缺乏某些元素或错误地生成了某些元素，可能是某种蛋白质或某种酶。其中有些疾病可以通过药物控制，但这些药物要么昂贵得令人窒息，要么难以实现大规模的商业化生产。科学家最近发现，转基因鸡下的蛋可以用于补充缺失的元素。转基因鸡的DNA在鸡胚阶段就已经被修改，其长大后下的蛋里含有某种可用于治疗疾病的药物成分。例如，因研究出多利羊而闻名的苏格兰罗斯林研究所的研究人员已经成功地通过修改鸡的基因来使鸡蛋清中产生大量的特定蛋白质，这样做的生产成本比在实验室中合成蛋白质要低得多。到目前为止，他们的研究主要围绕两种蛋白质展开：一种具有抗病毒和抗癌特性，另一种能促进受损组织自我修复，但还处于研发阶段。其他相关研究已经发明出能产生单克隆抗体的鸡蛋，其中的单克隆抗体能模仿人体对抗特定的病原体；还有一种鸡蛋能产出或许能治疗溶酶体酸性脂肪酶缺乏症（LALD）的酶，这种缺乏症会导致脂肪在体内积聚，威胁生命健康。

　　然而，在众多围绕鸡蛋进行的基因改造之中，目的最不寻常的一项却与医学无关。澳大利亚查尔斯特大学的研究人员一直在尝试研发一种能发出绿色光芒的鸡蛋。虽然这项研究看似不切实际，但实际上它正努力解决当前鸡蛋产业中一个严重的伦理及成本问题。之前的章节中提到，在20世纪初，或者说在培育出独立的肉鸡和蛋鸡品种之前，任何鸡群的公鸡都是用来吃或者配种的，而母鸡则用来产蛋。然而在养鸡产业培育出各种产蛋量大、生长迅速的杂交品种之后，蛋鸡群体中的大部分公鸡突然显得多余起来。

蛋鸡产业能持续运作离不开一批又一批的母鸡。然而，向蛋农提供鸡崽的孵化场却面临着一个迫切的问题：多余的公鸡该如何处理？在很长一段时间里，并没有鉴定鸡胚性别的可行商业方法，因而蛋农只能等所有鸡都孵化后再留下母鸡，而把公鸡处理掉。或许大部分人都不知道，目前处理这些只有一天大的鸡崽的方法是把它们集体毒死，更残忍的方法是将它们活活切碎。"活切鸡崽"是业内普遍的做法，即把小鸡放上传送带，送入高速研磨机切碎，做成肥料、动物饲料和宠物食品。据说每年约有 70 亿只小公鸡被挑出宰杀。

于是，动物保护组织和开明的蛋农及零售商开始着力研发"免宰杀"鸡蛋。为此，蛋农必须在胚胎的神经末梢形成之前（即在孵化刚开始的短短几天内）准确地鉴别出雄性鸡蛋并将其销毁，而非等到小鸡孵化后再把它们残忍宰杀。最早使用的鸡胚性别鉴定技术包括利用光谱学上的近红外光束或用微量的生物标记物（这种液体会根据鸡胚的性别呈现不同颜色）来检测胚胎。澳大利亚查尔斯特大学的研究人员则另辟蹊径。他们从水母中分离出一种在紫外线下会发出绿色荧光的基因，将其嵌入鸡的性染色体中，并且只让雌性胚胎拥有这种基因，因而只需简单地用荧光检测激光扫描鸡蛋就能知道胚胎性别，保留能发出绿色荧光的蛋，并丢弃不能发光的蛋。

事实上，除了可怜的公鸡，商业化的家禽养殖业还衍生出大批废品，其中最让人头疼的就是肉鸡的羽毛。全球每天约产生 1 万吨废弃羽毛，其中只有极少的部分被完整保留并加以利用，它们或被用作劣质填充物（鸡毛比不上鹅绒和鸭绒柔软，保暖性也更差），或被做成工艺品和装饰品。每年从鸡身上拔下的数十亿根毛中，绝大多数要么被烧掉（增加全球的碳排放量），要么被做成低级的动物饲料①，或者被填埋入土，但这又会造成土壤污染和水污染。

有人提出了一种不同寻常的解决方案：培育没有羽毛的"裸鸡"。尽管"裸鸡"的研发成果尚未在商业上取得瞩目的成绩，但培育一种可随时入箱烘烤的肉鸡已经成为现实。从经济角度来看，这个思路不无道理——没有羽毛就没有浪费，成本也更低。而且，无毛肉鸡的产肉量似乎也更高，这是因为它们无须将能量用于生长羽毛。同时，炎热地区的家禽常因密集养殖而饱受折磨，甚至因天气太热而应激，甚至暴毙，而无毛鸡就不会出现这一问题。事实上，无毛鸡不是转基因物种，而是两种自然发生的罕见变异之一的结果。"裸颈矮脚鸡"在1898年德国国家展览会上首次登场，并在随后几十年里获得了广泛认可。基因突变使其羽毛比正常的鸡少了20%～40%，其中脖子和尾部最为明显。另一种基因突变则产生了"无鳞鸡"，这种可怜的生物身上没有任何羽毛，脚上也没有鳞片和鸡距，是真

---

① 羽毛也被做成了人类的食物。近期，中央圣马丁学院的学生索拉吾缇·吉特班索恩（Sorawut Kittbanthorn）成功将鸡的羽毛转化成低价的可食用蛋白质，并在实验中用羽毛制作出意大利面和蛋白质饼干条，还尝试利用多种黏合剂，把羽毛做成颜色和黏稠度都接近红肉的产品。

正意义上的"全裸"品种。

耶路撒冷希伯来大学一直在研究在炎热气候条件下培育裸颈肉鸡的实际优势，并试图将主要存在于蛋鸡中的无鳞基因植入快速生长的肉鸡身上，从而培育出一种耐高温的无毛肉鸡。虽然这样做从成本角度考虑具有重大意义，但培育这个品种多少有些得不偿失。反对的声音称，无毛鸡没有羽毛作为保护屏障，更容易受到寄生虫和昆虫的叮咬，皮肤容易溃疡和晒伤。另一方面，羽毛的缺失还会影响交配：交配时，无毛公鸡只有靠爪子和喙扣住同样光秃秃的母鸡才能停留在母鸡身上，而母鸡在此过程中难免会受伤。而且，公鸡在求偶时需要扇动翅膀，舒展羽毛，如果它身上"一无所有"，整个求偶仪式也将变得毫无意义。人类没有改变有害且残忍的家禽饲养方式，反而选择了改变家禽的天然形态，这充分体现了我们食品生产方式的扭曲。

羽毛由 90% 的角蛋白组成，这是一种能让指甲、角、蹄、爪、头发和鳞片有韧性的关键蛋白质。角蛋白纤维又是中空的，使得羽毛既轻盈又绝缘。同时，羽毛也不像一些合成品那样易燃。多国的工程师和科学家已经找到了利用羽毛天然特性的新方法，将每年产生的堆积如山的废弃羽毛改造成有用的、可生物降解的产品，如建筑隔热材料、生物塑料、包装材料和阻燃涂料等。美国的研究人员发现，羽毛纤维（主要是羽毛粉）可以被添加到仪表板等汽车部件的塑料中，在增加韧性的同时还能减少总体重量。如今人们还尝试将羽毛纤维用于制造纸张、化妆品、尿布、鞋底、电路板和花盆，甚至想将羽毛用于航空航天领域。

实际上，鸡身上让航空界感兴趣的不仅是羽毛。许多人都听说过苏联太空犬莱卡，或者首位黑猩猩宇航员哈姆，众多身不由己的动物被卷入人类征服太空的野心中，这两只不过是冰山一角。但请别忘了那只早年绕地球飞行了80多圈的、名为"肯德基"的鸡。故事始于1979年，当时俄罗斯人将鹌鹑蛋送入太空，以检测失重对发育中的胚胎的影响。科学家认为，鸟类如果能够在太空中孵化，就有可能作为未来宇航员的食物。起初，实验并不成功，但到了1990年，俄罗斯人已经成功地在和平号空间站孵化出一只小鹌鹑，它成为史上第一只在太空中出生的脊椎动物。随后，更多的鹌鹑被孵化了，但似乎没有一只鹌鹑受得了失重的特殊环境。研究人员发现，雌性鹌鹑停止了排卵，而且在没有地心引力的情况下，两种性别都失去了交配兴趣。看来，用在太空中繁殖的家禽做餐食的想法还难以实现。

与此同时，美国国家航空航天局的科学家把目光投向了鸡蛋。高中生约翰·维林格（John Vellinger）提出将受精鸡蛋放入孵化器带上太空，以检测失重对其生长的影响。在地球上，重力将蛋黄推向蛋壳的边缘，因此母鸡和蛋商在孵蛋时都需要翻动鸡蛋，防止发育中的鸡胚黏在蛋壳上。随后，美国国家航空航天局和维林格寻求快餐连锁店肯德基的赞助，而肯德基也渴望给这项有助于提高曝光率的实验冠名。首次实验不幸以一场灾难告终，承载这批鸡蛋的挑战者号航天飞机在起飞几分钟后就爆炸了，命运悲惨。三年后，美国国家航空航天局和维林格重整旗鼓。这一次，他们将 32 颗受精鸡蛋放在"发现号"航天飞机上。这个项目被亲切地称为"飞天小鸡行动"[①]。其中一半的受精蛋在发射前 9 天受精，另一半则在起飞前 2 天受精，以对比不同的胚胎成熟度对其在失重状态下的生存状况的影响。这些蛋踏上了千载难逢的旅程，5 天内绕地球航行了 200 万英里，然后降落在荒凉的大地上。发现号着陆后不到一个星期，第一只飞天小鸡在肯德基的路易斯维尔总部孵化，并理所当然地得名"肯德基"。它来自受精更早的小组，同组另有 7 只小鸡成功孵化，而在起飞前 2 天受精的鸡蛋没有一个正常发育。实验证明，重力明显对新胚胎的健康成长起着关键作用，而天数大些的胚胎能够承受短暂的失重。显然，实现空间站养鸡的愿望尚需时日。

然而故事还未结束。虽然还没有活鸡能冲上太空，但在 2017 年，肯德基再次向天空发起挑战，这次却做了一件蠢得令人窒息的荒唐事。肯德基与探索平流层旅行业务的世界观公司（World View Enterprises）合作，共同发起了"香辣鸡腿堡 1号"太空任务。这项任务的伟大目标是"将肯德基新上市的香辣鸡腿堡推向新高度"。他们用汉堡面包夹着鸡胸肉、生菜和蛋黄酱，把它们一起装在一个能抵抗太空恶劣环境的肯德基桶里，再用氦气球将它带上高空平流层。肯德基计划让"香辣鸡腿堡 1

---

① 美国国家航空航天局给这次行动起的正式名称为"太空鸡胚发育实验"（Chicken Embryo Development in Space），但其被戏称为"飞天小鸡行动"（Chix in Space）——译者注

号"飞船静静漂浮于太空边缘时用机械臂自拍，向地球投放肯德基优惠券，挥舞肯德基旗帜，当然，还要发推特。这个看似疯狂的计划实际上是为了推进高空气球技术的发展，这种技术最终能让气球在平流层停留数月，提供通信服务，甚至发展太空边缘旅游。然而，在飞行了 17 小时后，气球上出现一处小小的漏气口，于是原计划持续 4 天的香辣鸡腿堡的首次太空之旅不得不缩短。将一只死鸡送上太空边缘要耗费多少资金，外界只能猜测，但利用航空手段植入广告并非史无前例。早在 1996 年，百事可乐公司就重金邀请俄罗斯宇航员在前和平号空间站外的太空中行走，并与一个 4 英尺高的百事可乐罐合影，而在 2001 年，必胜客将一个 6 寸的腊肠比萨送上了国际空间站。

与天空深度捆绑的鸡也一直是龙卷风科学研究的前沿和重点。在整个 19 世纪，美国知名的气象学家都想知道龙卷风来临时到底发生了什么。美国和加拿大比世界上任何国家都容易出现龙卷风，但龙卷风的运动轨迹和规律一直是个谜，是研究的难点。除了龙卷风的产生条件和风眼中的情况等容易想到的问题，一位科学家注意到了一种更不寻常的现象。当时许多报纸报道说，龙卷风所到之处，鸡毛通常会被拔光。数学家、气象爱好者伊莱亚斯·罗密士（Elias Loomis）教授想找到原因。罗密士在描述 1837 年的一场龙卷风时，提到了巨大的轰鸣声，而且"有几只鸡的羽毛几乎被拔干净了，仿佛是用手小心翼翼地拔的一样"。罗密士将这一现象归入"龙卷风最明显的 11 个特征"之一。

活鸡脱毛的现象激发了罗密士的灵感：如果是在达到特定风速后，鸡毛才会被拔掉，那么我们是否可以测量并再现这个速度，以便得知风暴中心的风速？为了验证这个猜测，罗密士将一只羽毛完好无损的死鸡装入一台小型加农炮中，然后将其射入空中。他无比兴奋地记录了结果："羽毛飞升了 20~30 英尺（6~9 米），后散落在风中。检查后，他发现鸡的羽毛被拔得干干净净，身上皮肤也所剩无几。鸡的尸体被撕成小块，只能找到其中的一部分。此时速度是每小时 341 英里（约为 549 千米），可见以此速度将鸡发射到空中会让鸡粉身碎骨。如果稍微降低速度，或许能在大部分羽毛被拔出的同时保证肉体的完整。"罗密士通过这项相当粗糙的实验得出结论：多数龙卷风的转速一定低于每小时 341 英里，但也快到足以将羽毛拔干净。他还推测，用大炮以每小时 100 英里（161 千米）的速度发射一只活鸡能实现这一效果。但罗密士从未论证过他的假设。直到 20 世纪中期，人们仍然认为疾风会刮走鸡的羽毛。几十年来，其他科学家提出了各种不同的理论，有的认为是龙卷风的电荷把羽毛剥走的，有的则认为是旋转的气柱中产生了真空，这导致鸡毛的羽轴爆炸，但没有哪个说法能真正令人信服。

到了 1975 年，小说家库尔特·冯内古特（Kurt Vonnegut）①的哥哥、科学家伯纳德·冯内古特（Bernard Vonnegut）通过自学鸟类羽毛的生物机制，检验了罗密士假设的真实性。他发现，鸡的羽毛在毛囊中的稳固程度取决于鸡的健康状况和精神状态，还取决于它是否处于换毛期。也就是说，仅鸡是否被拔毛这一

---

① 美国黑色幽默文学的代表人物之一，代表作有《第五号屠宰场》等。——译者注

点并不能作为龙卷风风速的准确指标。然后，冯内古特为龙卷风拔鸡毛之谜提出了一个不同的解释：处于高度紧张状态的鸡会出现"脱毛逃生"现象，此时它们的羽毛比平时更容易脱落。这种生理反应是为了帮助鸡从捕食者的利爪下逃跑，只给天敌留下一把松散的羽毛，自己则顺利逃走。处于龙卷风风眼的鸡或许是产生了这种应激反应，所以毛囊才"释放"了羽毛，让人们误以为这是龙卷风的所作所为。

冯内古特死后被追授"搞笑诺贝尔奖"（Ig Nobel Prize），这个奖项"表彰"的是那些虽让人发笑却也发人深省的科学成就，具有讽刺意味。然而另外一项与鸡相关的科学实验的结局就没有那么圆满了。弗朗西斯·培根生于 1561 年，1584 年成为议会成员，1618 年成为大法官，但科学才是他真正的追求。1626 年，培根与苏格兰国王的御医威瑟伯恩（Witherborne）一起乘坐马车前往伦敦的海格特。那年的春天冷得不像话，地面上还覆盖着白雪。沉迷于"尸体的保存和硬化"的培根突然想到尸体可以在雪中冷藏，就像用盐保存一样。后来，传记作家约翰·奥布里（John Aubrey）在《名人小传》（*Brief Lives*）中写道，两人兴奋地跳下马车，"走进海格特山下一个贫穷妇人的小屋里，买了一只母鸡，让妇人清除鸡的内脏，然后用雪塞满尸体，培根先生甚至亲自动手了"。培根在给朋友阿伦德尔伯爵（Earl of Arundel）的信中写道："实验本身非常成功，但从伦敦去海格特的途中我的身体突发不适，不知道是因为结石发作，还是因为吃多了，或者是感冒了，也可能三种情况都有。总之来到阁下家后，我无力返程，不得不在府上住下，您的管家对我关怀备至。"此时的培根没有意识到厄运即将降临，他的恶寒很快演变成了更严重的病症。他勇敢地在信中坦白道："我知道让他人代笔给阁下写信颇为不妥，但是我的手指被病痛折磨得难以用力，这使我无法稳稳地握住笔。"谁曾想，这封信竟是他的绝笔。几天后，培根便撒手人寰。

人们没少拿他的离奇死亡打趣，说什么"冰冻鸡肉比冻'培根'更持久"，而这段不寻常的历史有着十分诡异的后续。培根死后，部分人声称看到一个鸡状的幽灵出没于海格特的池塘广场。据 1957 年的一份报纸报道，当地居民经常看到这只"颤抖的鸡"，其中就包括约翰·格林希尔（John Greenhill）夫妇。他们坚称："那是一只体形巨大的白鸡，它曾栖息在我们房子对面那颗大树上较低矮的枝丫上……我们家许多人都在月夜里看到过它，但很快它便穿过砖墙消失了。"若真有其事，那它一定是"鸡灵鬼"了。

如今，在鸡曲折又漫长的故事剧情中，我们正处于一个重要转折点。联合国和经济合作发展组织在最近的一份报告中预测，未来十年全球的肉类消费量将增长 12%，其中物美价廉的鸡肉将占领增长的半壁江山。同时，报告预计，到 2030 年全球肉类的人均年消费量将超过 35 千克，其中鸡肉将占 40% 以上，是牛肉的 2 倍、羊肉的 8 倍。

促使鸡肉产量和消费量激增的原因有两个。其一是，与其他的肉禽肉畜相比，现代的肉鸡能更高效地将饲料转化成身上的肉。肉鸡生产商最看重"饲料转化率"，而要生产出同等重量的肉，鸡比牛等其他动物消耗的饲料要少得多。另外，如今的鸡比历史上任何时期的鸡都长得快——从鸡蛋到鸡肉只需短短的几周，而且生产商还可以通过调整和改进鸡的基因、饮食、生活环境，来继续提高生产效率。除了上文提到的"裸鸡培育计划"，许多育种公司还在培育能在恶劣环境中生存，只需低质饲料喂养就能存活的品种，让经济欠发达地区也能发展家禽养殖产业。

第二个原因是，未来十年内，人们对肉类的消费模式可能会发生改变。人口激增会带来极大的需求缺口，到 2030 年，全球人口预计将比现在多 10%。但各地人口增速不一，因此肉类消费的预计增长率也不同：非洲 30%，亚洲 18%，拉丁美洲12%，北美洲 9%，而欧洲只有 0.4%。但影响一国肉类消费量的因素有很多，从收入水平（通常肉类价格都不便宜）到宗教信仰，到动物保护理念，再到健康养生趋势。当前，发展中国家的人均肉类消费水平较低，但在已经有几十年肉类消费习惯的发达国家，肉类消费则趋于饱和。而食物消费偏好的改变，如素食主义的兴起、肉类替代品的出现等，也会影响发展中国家的肉类需求。

然而，高收入国家的肉类消费水平与贫穷国家相比仍然高得惊人。欧洲人均肉类年消费量是 80 千克，美国是 110 千克，澳大利亚甚至高达 116 千克。相比之下，莫桑比克和尼日尔等非洲最贫困国家的人均肉类年消费量只有 10 千克，与发达国家相比可谓是天差地别。而在过去几十年经济飞速发展的国家之中，肉类的消费量也出现激增，尤其是鸡肉。例如，如今中国人均肉类消费量与 1961 年相比翻了 15 倍，巴西翻了 4 倍。印度则是唯一一个逆趋势而行的人口大国，这是因为印度有许多素食主义者或者乳类素食者①，人均肉类消费量仅为 4.5 千克，20 年里只增长了 1 千克。

全球养鸡产业毫无道德规范可言。几十年来，高收入国家一直汲取着廉价鸡肉和鸡蛋的营养，却又虚伪地为低收入国家的种植产业和食品工业制定标准。全球鸡肉产量的增加并非百利而无一害。根据联合国公布的数据，畜牧业造成了近 15% 的人为温室气体排放，相当于全球所有的汽车、飞机、轮船和火车排放量的总和。同时，我们种植的农作物中有三分之一是直接喂给动物的。实际情况非常复杂。如果超市里卖的整鸡单价比一杯拿铁咖啡还便宜，那么不难想象，鸡农得到的报酬要比这还少得多。实际上，养鸡的利润确实很低。几十年来，成本效益一直是工业化养鸡的主要发展动力之一。然而，在对饲料、能源和其他方面的投入不断减少的情况下，还想更快地培育出更多鸡，这似乎是难以实现的。人们熟练地更改动物的基因，利用科技不断提供新的解决方案，这样看来，密集型家禽饲养在土地利用、粮食资源和减少碳排放方面，比更传统的自由放养等形式更具优越性。例如，养牛时需要喂草料，牛的成熟速

---

① 相比纯素食主义者，乳类素食者的饮食中还会包含各类奶制品，但不包含蛋类。——译者注

度慢，且每生产一千克牛肉就会释放出 16 千克二氧化碳，而工业化养殖的鸡每千克鸡肉的二氧化碳排放量只有 4.4 千克。

当然，"效率"并非衡量环境可持续性的唯一标准。根据牛津大学和国际食物政策研究所等多个不同组织合作开展的"牲畜、环境与人类项目"，一个细化的方案必须考虑到密集型养殖方式造成的所有问题。人类对鸡肉等肉类需求的增加，也加剧了世界各地的森林砍伐，而对森林的滥砍滥伐本身不仅会导致温室效应，还会严重威胁生物多样性。过去人们伐木多是为了养牛，但最近伐木需求增加是为了种植用于喂养家禽的大豆。可持续食品信托基金称，英国每年进口约 300 万吨大豆，其中大部分用于养鸡。大豆生产与南美的森林砍伐之间有明显的关系，然而英国用于喂养家禽的大豆中有一半以上没有得到"零森林砍伐"[①]的认证。

密集化的肉鸡养殖也可能成为一大污染源，特别是这过程中产生的堆积如山的粪便和羽毛。这些副产品通常被用作肥料，虽然其中含有大量营养物质，具有一定价值，但它们也带来了新问题。在农田中过量或不加选择地使用鸡粪肥料，会造成水体污染，将抗生素、微量元素、杀虫剂和病原体等带入周围环境，甚至带入食物链中，最终的结果是弊大于利的。

除此之外，业内广泛使用抗生素也让某些细菌的抗药性日

---

① 为应对过度砍伐森林的问题，英国等国要求进口的可可豆、大豆等大宗商品提供产品来源，若商品的种植地不是靠砍伐森林腾出来的，该商品就会获得"零森林砍伐"认证。——译者注

益增强。据《柳叶刀》（*Lancet*）杂志报道，具有抗生素耐药性的细菌引发的感染现在已是全球的一大杀手，每天导致约 3500 人死亡，超过了死于艾滋病和疟疾的人数之和。全球的家禽养殖业也一直因为工作环境差而受到批评，特别是加工厂和屠宰场，而传统农业社区中出现的新型密集型生产基地往往又因噪声大、空气污染严重、重型卡车流通的增加、对当地河流的破坏，以及旅游景观工业化等问题引起人们的不满。所幸，鸡肉生产商和鸡农正在积极做出改进：英国过去 5 年中牲畜养殖业中的抗生素使用量下降了 50%，欧盟最近禁止对家禽等健康动物使用抗生素。但要想彻底解决问题，仍然任重道远。

但更重要的是，我们对其他各种动物和对待密集化养殖的动物（特别是鸡）的态度似乎越来越两极分化。肉禽肉畜被当作可剥削的商品，而非有感情的生命。我们与鸡的关系是那么的矛盾：一边将小鸡捧在手心里疼爱，一边一桶接着一桶地订购炸鸡。在疫情期间，人们出于恐慌而疯狂抢购家鸡，养在自家后院，但生活回归正轨后，许多鸡又被无情抛弃。鸡是传统农耕生活的象征，鸡爪四处抓挠，描绘出美好的田园图景。同时，鸡也以受害者的身份述说着工业化家禽养殖的残忍与无情。看来，有些事还是不知道为好。

在媒体铺天盖地地宣传层架式鸡笼的可怕之处之后，英国开始改变笼养的方式，如今近一半的鸡蛋来自散养鸡。但很少有消费者知道盘中的鸡肉从哪里来——英国 94% 的鸡肉来自密集饲养的肉鸡。但改变正在发生，在世界农场动物福利协会等群体的努力下，消费者现在可以在超市货架上找到生前福利更好（即享受过更宽敞的空间、自然光以及刺激性环境）的鸡。食品标签说明了一切——"农场直达"或"玉米喂养"等说法无法体现肉鸡的生长过程是否快乐，而"自由放养""有机认证"或"福利提升"等标签则很能说明问题。①

　　但是人类为什么要纠结这些呢？鸡真的会在意饲养环境吗？更重要的是，人类应该在意吗？自从鸡被人类驯化起，从来没人质疑过鸡的商品化与待遇问题。无论是斗鸡活动还是阉鸡，从古代以鸡为祭品到现代以笼养蛋鸡，人类的残忍程度永无上限。哪怕到了今天，人们对于家禽家畜的态度也复杂多样。探讨人类吃肉的道德问题的文学作品和研究有很多，比如罗伯·博西瓦尔（Rob Percival）在《肉的悖论》（*The Meat Paradox*）一书中就对此提出了真知灼见：矛盾的核心在于我们对肉的渴望和道德上对残害动物的反感。

---

① 家鸡福利标准不一。例如在英国，带有"土地联盟"标签就表示此类鸡曾享有活动空间，能够充分休息、啄食、玩耍，可以享受自然的日光，大部分时间生活在户外，且该品种生长速度较慢。"RSPCA（英国防止虐待动物协会）认证走地鸡"的标签代表着同样的高福利标准，而"RSPCA认证"标签则比前者少了"自由放养"这项条件，说明鸡是生活在室内的，"红色拖拉机优选版"标签也是如此。而较为低端的"红色拖拉机普通版"标签则只满足大多数英国零售商通用的食品安全标准，说明生产商达到了目前法律规定的基本动物福利要求，这代表这些鸡属于快速生长的品种，放养密度高，且完全在室内饲养，但"红色拖拉机"认证比欧洲立法要求提供的空间多10%，并且正在逐步加入"自然光"的要求。

从表面上看，人们有两个选择：一个是认为反正自己也不喜欢动物，就不必在乎动物的待遇，另一个是选择吃素。但现实中的大多数人选择了第三种策略：利用某些技巧或习惯摆脱不舒服的感觉，这就叫"认知失调"。比如，我们选择购买与生前的形态相去甚远的肉制品，或者不过问这些动物的饲养环境。我们甚至从心理上将宠物和农场动物区分成不同的类别，认为它们的认知能力和痛苦感知力也不一样。实际上，这只不过是掩耳盗铃。事实证明，猪和狗一样聪明，鸡掌握某些技能的速度甚至比蹒跚学步的幼儿还快。英语俚语中用"鸡脑袋"骂人"头脑空空、思维狭隘"，显然是对鸡的认知或行为能力的贬低。

　　实际上，鸡是一种聪明的生物。研究表明，与许多人以为的不同，鸡那圆圆的眼珠后面其实藏着许多东西。实验证明，鸡拥有许多重要的视觉、心理和空间能力，如客体永恒性。如果你给鸡看一个物体，然后拿走这个东西，它仍然知道这个物体是存在的。鸡从出生起就拥有这种能力，而人类婴儿则需要三个月左右的时间来发展这种能力。

　　实验证明，新孵化的小鸡有进行简单数学运算的能力，可以做从零到五的加减法。令人难以置信的是，小鸡似乎还能从左到右升序数数——左边的数字较小，右边的数字较大，而鸡脑海里这种从左往右延伸的"数字线"与人类表述数字的方式相同。另外，鸡还表现出惊人的自我控制能力。一项实验在设计中让鸡等待的时间越长，得到的食物奖励就越多，而鸡不仅能意识到食物的多少与它们的耐心相关，还能够调动意志力，努力获得最大的奖励。此外，人们还证明这些神奇的鸟类能判断特定的时间间隔，还能预测未来的事件。

然而，最特别的也许是它们沟通和表达情感的能力。研究证明，鸡至少有20多种叫声和多种形体展示。在我们的想象中，只有人类才能进行参照性沟通，即为符号或发声赋予特定的含义的能力。多年来，我们认为动物只进行简单交流，只能传达恐惧或攻击等低级的信息。参照性沟通并不简单，正如人类用文字指代不同物体，鸡也能用不同的叫声来表达不同程度的威胁。捕食者来了，它们不仅会发出警告叫声，而且会根据捕食者的来路（陆上的还是空中的）发出不同的警报。而针对不同类型的捕食者，鸡的叫声也有微妙的区别。此外，当公鸡发现食物，向母鸡"通风报信"时，也会根据食物的质量改变报信的声音。而我们在第四章也提到，鸡也会耍心机，公鸡会"谎报军情"，以发现食物为由诱骗母鸡前来，也会在天敌来临时故意发出警报声引起注意，从而将雄性对手置于危险之中。

鸡也有社会学习的能力，它们不需要实践或试错，而仅通过观察就能掌握某项技能。在一项对比实验中，看过受过训练的母鸡完成一项任务的小鸡，比看没有经验的母鸡尝试完成同一任务的小鸡更可能正确完成任务。同时，实验证明，鸡能够区分不同的人脸，而且鸡似乎更喜欢看脸部对称的"漂亮"人类的照片，对于脸部特征不对称的人则兴趣寡淡。人类也表现出同样的偏好，这是因为人类在潜意识中将对称性作为健康状况的衡量标准之一，因此对称性也会影响性吸引力。

研究表明，鸡会产生恐惧、焦虑、同情、忧郁等情绪。养过鸡的人都知道，每只鸡都有自己的个性或气质。在一大群鸡中，很容易就能看出哪只鸡大胆，哪只鸡拘谨，谁好奇心强，谁容易紧张，谁更警惕，谁又特别欢快。有的鸡攻击性强或抗拒与人接触，有的则喜欢被呵护。虽说把鸡当宠物的人不多，但人们愈发意识到与鸡建立心灵联系颇有益处。将鸡引进疗养院、医院等医疗场所，进行"鸡疗法"的行为如今已被广泛接受，可以帮助患有从自闭症到孤独症、从抑郁症到创伤后应激障碍等多种病症的患者。

那么，我们究竟该如何处理与这种禽类朋友的关系呢？鸡拥有出人意料的认知能力和社会关系，但这并不代表我们不能吃鸡蛋或鸡肉。这是个人选择，取决于个人如何看待人类在食物链中的角色。然而，我们确实应该思考该如何对待鸡的身心健康，及其天性和习惯，如栖息、洗沙浴、筑巢等。《科学美国人》（*Scientific American*）杂志的一篇报道在回顾了家禽智力研究后得出结论："鸡很聪明，它们什么都懂，这也不得不让我们为鸡在工业化农场中的处境而担忧。"

在鸡这种动物身上，我们看到了人类与世上其他生物之间草率且越发危险的关系。鸡肉和鸡蛋是人类宝贵的食物来源。一方面，这些神奇的禽类代表了自给自足的慢生活，它们不仅聪明温顺，慷慨大方，而且个性十足；另一方面，在全球化社会中，我们也逐渐熟练地把鸡视为食品生产链条中的物品，认为它们没有感情，感受不到痛苦与悲伤。鸡已被"去动物化"，在许多人的心目中，它们甚至不是需要释放天性和社会性的"鸟类"，而是像作物一样可以被"种植"和"收获"的商品。人类对鸡痛下黑手，却很少给予它们应得的尊重或同情，这样的关系实属"鸡（畸）形"。

致谢

一如既往地感谢宙斯之首（Head of Zeus）出版社中协助《鸡》"诞生"，让它"起飞"的杰出团队：马特·布雷（Matt Bray）、凯瑟琳·科威尔（Kathryn Colwell）、克莱曼斯·雅基内（Clémence Jacquinet）、克莱尔·肯尼迪（Claire Kennedy）、阿芙拉·勒·勒弗耶–比奈特（Alphra Le Levrier-Bennett）、艾德·皮克福德（Ed Pickford），还有最重要的理查德·米尔班克（Richard Milbank）。你们都是"大好蛋"。

注释

第一章　幸存

1. Lee,M. S. Y et al., 'Sustained miniaturization and anatomical innovation in the dinosaurian ancestors of birds', *Science*, 345:6196 (1 Aug 2014), pp. 562–6.

2. Field,D. J. et al., 'Early Evolution of Modern Birds Structured by Global Forest Collapse at the End- Cretaceous Mass Extinction', *Current Biology*, 28:11 (4 June 2018), pp. 1825–31.e2.

3. Field, D. J., Benito, J., Chen, A. et al., 'Late Cretaceous neornithine from Europe illuminates the origins of crown birds', *Nature*, 579 (2020), pp. 397–401.

4. Larson, D. W. et al., 'Dental Disparity and Ecological Stability in Bird-like Dinosaurs prior to the End-Cretaceous Mass Extinction', *Current Biology*, 26:10 (2016), pp. 1325–33.

5. Callaway, E., 'T. rex kinship with hickens confirmed', *New Scientist* (24 April 2008).

6. Romanov,M. N., Farré,M. et al., 'Reconstruction of gross avian genome structure, organization and evolution suggests that the chicken lineage most closely resembles the dinosaur avian ancestor', *BMC Genomics*, 15:1060 (2014).

7. Grossi, B. et al., 'Walking Like Dinosaurs: Chickens with Artificial Tails Provide Clues about Non- Avian Theropod Locomotion', *PLoS ONE* 9(2):e88458 (2014).

8. Bhullar, B. A. S. et al., 'A molecular mechanism for the origin of a key evolutionary innovation, the bird beak and palate, revealed by an integrative approach to major transitions invertebrate history', *Evolution*, 69:7 (July 2015), pp. 1665–77.

9. Biello, D Mutant "'Chicken Grows Alligatorlike Teeth.' *Scientific American* 10. Coghlan, A., 'Female Ducks Fight Back Against "Raping" Males', *New Scientist* (1 May 2007).

10. Hopkin, K., 'Why Did the Chicken Lose Its Penis?', *Scientific American* .

11. McKinnell, J., 'Cock-a-doodle-don't', *Macleans* (20 March 2006).

12. Comte de Buffon, G. L. L., *The Natural History of Birds: From the French of the Count de Buffon; Illustrated with Engravings, and a Preface, Notes, and Additions, by the Translator*, Vol. II (Cambridge: Cambridge University Press, 2010), p. 54..

13. Blyth. E., 'XXXXIX – A Few Critical Remarks on M. Carl J. Sundevall's Paper on the Birds of Calcutta', in *The annals and magazine of natural history, zoology, botany and geology: incorporating the journal of botany*, Vol. 20 (London: Taylor and Francis, 1847), p. 388.

14. Blyth, E., 'Letter on the poultry in India', *Gardener's Chronicle & Agric. Gaz.*, 39:619 (1851), as quoted in Grouw, H. and Dekkers, W., 'Temminck's Gallus giganteus; a gigantic obstacle to Darwin's theory of domesticated fowl origin?', *Bulletin of the British Ornithologists' Club*, 140:3 (21 Sep 2020), pp. 321–34.

15. Blyth,E.. Letter to C. R. Darwin, 30 September or 7 October 1855. Darwin Correspondence Project, letter no. 1761, as quoted in Grouw,H. and Dekkers,W., 'Temminck'sGallus giganteus; a gigantic obstacle to Darwin's theory of domesticated fowl origin?', *Bulletin of the British Ornithologists' Club*, 140:3 (21 Sep 2020), pp. 321–34.

16. Darwin, C. R., 'Fowls', in *The variation of animals and plants under domestication* (London: John Murray, 1st ed., 2nd issue. Vol. 1, 1868), p. 225.

17. Fumihito, A. et al., 'One subspecies of the red junglefowl (Gallus gallus gallus) suffices as the matriarchic ancestor of all domestic breeds', *Proceedings of the National Academy of Sciences*, 91:26 (Dec 1994), pp. 12505–9.

18. Eriksson, J., Larson, G., Gunnarsson, U. et al., 'Identification of the yellow skin gene reveals a hybrid origin of the domestic chicken', *PLoS Genet*, 4(2):e1000010 (29 Feb 2008).

19. Nuwer, R, 'Earliest "Chickens" Were Actually Pheasants', *Scientific American*

20. Wang, M. S., Thakur, M., Peng, M. S. et al., '863 genomes reveal the origin and domestication of chicken', *Cell Research*, 30 (2020), pp. 693–701

21. Clutton-Brock, J., *The Walking Larder: Patterns of Domestication, Pastoralism, and Predation* (London: Routledge, 2014), p. 11.

22. Serpel,J. A., 'Pet-Keeping in Non-Western Societies: Some Popular Misconceptions', *Anthrozoös*, I:3 (1989), pp. 170–1.

23. Collias, N. E. and Saichuae, P., 'Ecology of the Red Jungle Fowl in Thailand and Malaya with Reference to the Origin of Domestication', *Natural History Bulletin of the Siam Society*, 22 (1967), pp. 189–209.

24. Agnvall,B., 'Early domestication? Phenotypic alterations of Red Junglefowl selected for divergent fear of humans', *Linköping Studies in Science and Technology,* Dissertation No. 1790, IFM Biology, Department of Physics, Chemistry and Biology, Linköping University, Sweden (2016).

第二章 战士

1. Perry-Gal, L. et al., 'Earliest economic exploitation of chicken outside

East Asia: Evidence from the Hellenistic Southern Levant', *Proceedings of the National Academy of Sciences*, 112:32 (July 2015), pp. 9849–54.

2. Carter, H., 'An Ostracon Depicting a Red Jungle-Fowl. (The Earliest Known Drawing of the Domestic Cock)', *Journal of Egyptian Archaeology*, 9:1/2 (1 Apr 1923), pp. 1–4.

3. Ryley Scott, G., *History of Cockfighting* (Hindhead: Saiga Publishing, 1983), p. 91.

4. Bostock, J. (ed.), Plin. Nat. 10.25, in *Pliny the Elder, The Natural History* (London: Taylor and Francis, 1855).

5. Pegge, Rev. S., 'A Memoir on Cockfighting', Archaeologica, Vol. III (The Society of Antiquaries of London, 1786), p. 141.

6. Csapo, E., 'The Cultural Poetics of the Greek Cockfight', The Australian Archaeological Institute at Athens, Bulletin 4 (2006/07 [2008]) 20–37, 2006), p. 25.

7. Macurdy, G. H., 'The Derivation and Significance of the Greek Word For "Cock"', *Classical Philology*, 13:3 (1918), p. 311.

8. Csapo, E., 'The Cultural Poetics of the Greek Cockfight', The Australian Archaeological Institute at Athens, *Bulletin 4* (2006), p. 25.

9. Geoffrey Arnott, W., *Birds in the Ancient Worldfrom A to Z* (London: Routledge, 2007).

10. Bostock, Plin. Nat. 30.49, in *Pliny the Elder, The Natural History*.

11. Ibid., Plin. Nat. 10.25.

12. Watson, L. C., *Magic in Ancient Greece and Rome* (London: Bloomsbury Academic, 2019).

13. Cassius Dio, 'Epitome of Book LXXVII', in Roman History, published in Vol. IX of the *Loeb Classical Library edition (1927)*, ch. 15.

14. As quoted in McMahon, J., Paralysin Cave: Impotence, Perception and Text in *the Satyrica of Petronius* (Leiden: Brill, 2018–1998), p. 132.

15. Bostock, Plin. Nat. 37.54 in *Pliny the Elder, The Natural History*.

16. Pliny, as quoted in Scott, *The History of Cockfighting*, p. 88.

17. Radin, M., 'The Lex Pompeia and the Poena Cullei', *Journal of Roman Studies*, 10 (1920), pp. 119–30.

18. Polybius, 'Smoking Out the Enemy', in *Histories*, Book 21.28.

19. Caesar, J., *Commentarii de Bello Gallico (Caesar's Gallic War)*, W. A. McDevitte (trans.), 1st ed. (New York: Harper & Brothers, 1869), Book 5, Chapter 12.

20. Doherty, S. P. et al., 'Estimating the age of domestic fowl (Gallus gallus domesticus L. 1758) cockerels through spur development', *International Journal of Osteoarchaeology*, Volume 31, Issue 5, (Sep/ Oct 2021), pp. 1–12.

21. Best, J., Feider, M. and Pitt, J., 'Introducing Chickens – arrival, uptake and use in prehistoric Britain', *PAST: The Newsletter of the Prehistoric Society*, 84 (Autumn 2016).

22. Grossi, F., 'Through Celts and Romans: Technology and Symbolism of Bronze Enameled Roosters' (Università degli Studi di Milano 2017, J. Paul Getty Trust).

23. Livarda, A. et al., *The Bioarchaeology of Ritual and Religion* (Barnsley: Oxbow Books, 2017).

24. Columella, L. J. M., *De Re Rustica*, Fe. S. Forster, M.B.E., M.A.(Oxon.), F.S.A. (trans.) (Cambridge, Mass: Harvard University Press, 1954), Book VIII, Chapter II.

25. Wood-Gush, D. M. G., 'A History of the Domestic Chicken from Antiquity to the 19th Century', *Poultry Science*, 38:2 (March 1959), pp. 321–6.

26. Kron, G., 'Poultry Farming', in Lindsay Campbell, G. (ed.), *The Oxford Handbook of Animals in Classical Thought and Life* (Oxford: OUP, 2014), pp. 119–21.

27. Columella, L. J. M., *De Re Rustica*, Book VIII, Chapter V.

28. Ibid.

29. Doucleff, M., 'How The Sweet Potato Crossed The Pacific Way Before The Europeans Did', *NPR* (23 January 2013).

30. Young, E., 'Polynesians beat Columbus to the Americas', *New Scientist*, (4 June 2007).

31. Taonui, R., 'Te Haerenga Waka: Polynesian Origins, Migrations, and Navigation', thesis for MA in Maori Studies, University of Auckland (1994).

32. Pigafetta, A., 'The Philippine Islands, 1493–1898. Vol XXXIII, 1519–1522, Blair, E. H. (ed.) (Cleveland, OH: Arthur H. Clark Company, 1906).

33. Marsden, as quoted by Rennie, J. in *The Domestic Habits of Birds* (Charles Knight 1883), p. 103.

34. Wood, Jamie R. et al., 'Origin and timing of New Zealand's earliest domestic chickens: Polynesian commensals or European introductions?', *Royal Society Open Science*, 3:8 (2016).

35. Ibid, p. 40.

36. Ibid.

37. Thomson, G. M., *The Naturalisation of Animals and Plants in New Zealand* (Cambridge: Cambridge University Press, 2011), p. 15.

第三章　伪神与神谕

1. Hoggard, B., *Magical House Protection: The Archaeology of Counter-Witchcraft* (New York: Berghahn Books, 2019).

2. Guiley,R. E., *The Encyclopedia of Witches, Witchcraft and Wicca* (New York: Infobase Publishing, 2008), p. 44.

3. *The Dublin University Magazine*, Vol. 10 (William Curry, Jun., and Company, 1837), p. 451.

4. Ibid.

5. Browne, Sir T., 'A Miscellany of Mistaken Beliefs', in *Pseudoxia Epidemica*, Book V, ch. 22.

6. Scot, Reginald, *The Discoverie of Witchcraft* (1584),ch. 4.

7. Bishop, Prof. T. et al., *The Shakespearean International Yearbook*: Volume 15: Special Section, Shakespeare and the Human (Farnham: Ashgate Publishing, Ltd, 2015), p. 172.

8. Mills Alden,H. (ed.), *Harper's Magazine*, Vol. 69 (New York: Harper's Magazine Company, 1884), p. 100.

9. *Edinburgh Magazine* (Feb 1818), p. 117.

10. Grimm, W. and J., 'Die Wichtelmänner: Drittes Märchen, Kinder- und Hausmärchen', no. 39/III, *Ashliman*, D. L. (trans.).

11. Jacobs, J., 'The Brewery of Eggshells', in Celtic Fairy Tales (London Pan Macmillan, 2011).

12. Gideon Bohak,G., 'Traditions of Magic in Late Antiquity – Protective Magic – Babylonian Demon Bowls' (The Michigan Society of Fellows and Department of Classical Studies, December 1995).

13. As quoted in Brand,J., *Observations on Popular Antiquities: Chiefly Illustrating the Origin of Our Vulgar Customs, Ceremonies, and Superstitions* (London: Charles Knight and Company, 1841), p. 99.

14. Ibid., p. 98.

15. Newall, V., 'Easter Eggs', *The Journal of American Folklore*, 80:315 (1967), pp. 3–32.

16. Brand, J., *Observations on Popular Antiquities: Including the Whole of Mr. Bourne's Antiquitates Vulgares*, revised by Sir Harry Ellis, Vol. 1 (1849), p. 176.

17. Radford,E. and M. A., *Encyclopaedia of Superstitions* (London: Rider and Company, 1947),p. 112.

18. Keats, J., 'The Eve of St Agnes', in *The Poetical Works of John Keats* (1884).

19. Kightly, C., *The Perpetual Almanac of Folklore* (London: Thames & Hudson, 1987). 'March 2: St Chad's Day: eggs now become plentiful'.

20. Klein, J. A., 'Cock Ale: "A Homely Aphrodisiac"'.

21. Comte de Buffon, G. L. L., *The Natural History of Birds: From the French of the Count de Buffon*; Illustrated with Engravings, and a Preface, Notes, and Additions, by the Translator, Vol. II (Cambridge: Cambridge University Press, 2010).

22. As quoted in Hartley, D., *Food in England* (London: Piatkus, 2009), p. 181.

23. E. P. Evans as quoted in Walter, E. V., 'Nature on Trial: The Case of the Rooster That Laid an Egg', *Comparative Civilizations Review*, Vol. 10:10, Article 7 (1985).

24. Lepp, A. J., 'The Rooster's Egg: Maternal Metaphors and Medieval Men' (University of Toronto, 2010).

25. Zeitlyn, D., 'DoMambila Cockerels Lay Eggs? Reflections on Knowledge and Belief',JASO 22/1 (1991), pp. 59–64.

26. *The Satyricon of Petronius Arbiter: Complete and unexpurgated translation* by W. C. Firebaugh, in which are incorporated the forgeries of Nodot and Marchena, and the readings introduced into the text by De Salas.

27. Saint John Chrysostom:, *Commentary on the Epistle to the Galatians, and Homilies on the Epistle to the Ephesians, of S. John Chrysostom* (Parker, 1879), p. 242.

28. Dhalla, M. N., *Zoroastrian civilization: from the earliest times to the downfall of the last Zoroastrian empire*, 651 A.D. (New York: OUP, 1922), p. 185.

29. Ibid., p. 66.

30. Quoted in Hulme,F. E., *The history,principles and practice of Symbolism in Christian art* (London: S. Sonnenschein; New York: Macmillan, 1892), p.191.

31. Simpson, J., *Folklore of Sussex* (Cheltenham: The History Press, 2009).

32. Rhŷs, J., *Celtic Folklore: Welsh and Manx*, Vol 1 (Oxford: OUP, 1901), p. 85.

33. Shakespeare, W., *Hamlet*, Act 1, Scene 1.

34. Dryden,J., *The Poetical Works of John Dryden: With a Life, Critical Dissertation, and Explanatory Notes By the Rev. George Gilfillan, Vol. II* (Edinburgh, 1855).

35. 'An Enquiry into the Original Meaning of Cock-Throwing on Shrove-Tuesday', *Gentleman's Magazine* (London, 1736–50), 7 (Jan 1737), pp. 6–8.

36. Griffin, E., 'Popular Recreation and the Significance of Space', *British Academy Review*, 9. (17 Mar 2017).

37. Henderson, W., *Notes On The Folklore Of The Northern Counties Of England And The Borders, With an appendix on Household stories by S. Baring-Gould* (London: Longmans, Green and Co. 1866), p.78.

38. *The Youth's Cornucopia* (London: Hamilton, Adams and Company, 1832), p. 251.

第四章　比喻

1. Morris, W., 'The Story of Rhodope', in *The Earthly Paradise* (London and New York: Routledge, 2014).

2. Stoker, B., *Dracula* (1897), ch. 12. 'Letter, Mina Harker to Lucy Westenra 17 September'

3. Major, C., *Dictionary of Afro-American Slang* (New York: International Publisher'sCo., Inc., 1970).

4. Grose, F., *Dictionary In The Vulgar Tongue: A Dictionary Of Buckish Slang, University Wit, And Pickpocket Eloquence* (1819 edition).

5. Butler, S., *The Genuine Remains in Verse and Prose of Mr. Samuel Butler, Author of Hudibras*: Published from the Original Manuscripts, Formerly in the Possession of W. Longueville, Esq; (London: J. and R. Tonson, 1759), p. 104.

6. Dryden, J., 'Pastoral III', in *The Works of John Dryden*, by Walter Scott, Esq.,Vol. XIII (Edinburgh: James Ballantyne and Co., 1808).

7. 'Hen n.1', *Dictionary of the Scots Language* (2004).

8. Skelton, J., 'Colyn Cloute', in *The Poetical Works of John Skelton*,Vol 1 (London: T. Rodd, 1843).

9. Howitt, W., *Land, Labour, and Gold: Two Years in Victoria: With Visits to Sydney and Van Diemen's Land*, Vol. 2 (Cambridge: Cambridge Library Collection – History of Oceania, 2011), p. 140.

10. 1880 Bulletin (Sydney), 17 July

11. *1728 Ramsay Poems II.* 226.

12. Brontë, E., *Wuthering Heights*, ch. 34.

13. Doherty, S. P. et al., 'Estimating the age of domestic fowl cockerels through spur development', *International Journal of Osteoarchaeology* (2021), p. 9.

14. Bardsley, C. W., *Curiosities of Puritan Nomenclature* (London: Chatto and Windus, 1880).

15. Gard, A. J., 'The Rise of the Coquette in Seventeenth- and Eighteenth-Century French Theater', dissertation for PhD in the Department of Romance Studies (University of North Carolina, 2017), p. 14.

16. Davidson, J. P., *Planet Word* (London: Penguin Books Ltd, 2011).

17. "Poor Richard, 1739," Founders Online, National Archives, [Original source: *The Papers of Benjamin Franklin*, vol. 2, January 1, 1735,through December 31, 1744, ed. Leonard W. Labaree. New Haven: Yale University Press, 1961, pp. 217–28.]

18. Warren, A., 'The Orphic Sage: Bronson Alcott', *American Literature*, 3:1 (1931), pp. 3–13.

19. Wagner, F., 'Eighty-Six Letters (1814–1882) of A. Bronson Alcott (Part One)', *Studies in the American Renaissance* (1979), pp. 239–308.

20. Flint, J., *Letters from America, containing observations on the climate and agriculture of the western states, the manners of the people, the prospects of emigrants, &c* (Edinburgh: W. & C. Tait, 1822), pp. 263–4.

21. McArthur, T. B., *Concise Oxford Companion to the English Language* (Oxford: OUP, 2005).

22. Tusser, T., *Five Hundred Points of Good Husbandry* (London: Richard Tottill, 1573). 'The good motherly Nurserye'.

23. 'A Philological Fragment', in *The Knickerbocker*, 32 (1848), p. 388.

24. deLuna, J., *Dictionary of Inn-Sign Names in Medieval and Renaissance England* (portions of this previously published as 'Designators in Inn-Sign Names in Medieval and Renaissance England' in the 2015 KWHSS Proceedings) (2017).

25. Aronson, J., 'Chickenpox', *BMJ* (Clinical research ed.), 2000;321:682 (2000).

26. Knowles, J., et al., *A Critical Pronouncing Dictionary of the English Language, Incorporating the Labours of Sheridan and Walker, So Far as Their Examples are in Accordance with the True Principles of Orthoepy and Established Usage: and Comprising Above Fifty Thousand Additional Words: Also a Key to the Pronunciation of Classical and Scripture Proper Names* (Henry Bohn, 1850).

27. Grose, *Dictionary In The Vulgar Tongue: A Dictionary Of Buckish Slang, University Wit, And Pickpocket Eloquence* (1819 edition).

28. Browne, Sir Thomas, *Pseudodoxia Epidemica III*. Chapter XXVIIIi (1646; 6th ed., 1672),pp. 206–9.

29. Webster, N., *Dissertations on The English Language: With Notes, Historical And Critical. To Which Is Added, By Way of Appendix, An Essay on A Reformed Mode of Spelling, With Dr. Franklin's Arguments On That Subject* (Boston: Thomas & Company, 1789).

30. *The American Housewife: Containing the Most Valuable and Original Receipts in All the Various Branches of Cooker : and Written in a Minute and Methodical Manner: Together with a Collection of Miscellaneous Receipts, and Directions Relative to Housewifery: Also the Whole Art of Carving by Experienced Lady* (Dayton and Saxton, 1841). 'To Boil Eggs', p. 33.

31. The Hull Packet, 14 March 1851, p. 4.

32. Alexandria Gazette (Alexandria, Virginia), 6 Jul 1868, p. 2.

33. Kim, T. and Zuk, M., 'The effect of age and previous experience on social rankin female red junglefowl, Gallus gallus spadiceus, *Animal Behaviour*, 60:2 (2000), pp. 239–44.

34. Kokolakis, A. et al., 'Aerial alarm calling by male fowl (Gallus gallus) reveals subtle new mechanisms of risk management', *Animal Behaviour*, 79:6 (2010), pp. 1373–80.

第五章　宠物

1. As quoted in Jacques, D., *The Ferme Ornée* (Staffordshire Gardens Trust, 1999).

2. Pückler-Muskau., *Hermann*, as quoted by *The Gardens Trust*.

3. Illustrated London News, Saturday, 23 December 1843, p. 9.

4. Darwin, C. R., *The variation of animals and plants under domestication,* 1st ed., 1st issue, Vol. 2 (London: John Murray, 1868), p. 45.

5. *The Field*, Saturday, 26 February 1853, p. 13.

6. Lewer, S. H. (ed.), *Wright's Book of Poultry* (London and New York: Cassell, 1912), p. 240.

7. Ibid., p. 241.

8. *The Times*, 13 January 1853, p. 4.

9. *The Field*, Saturday, 26 February 1853, p. 13.

10. Punch, Introduction to Vol. XXIV (Jan–Jun 1853).

11. *Punch*, Vol. XXV (Jul–Dec 1853).

12. Burnham, G. P., *The History of The Hen Fever: A Humorous Record* (Boston, MA: James French and Co., 1855), p. 112.

13. Tegetmeier, W., *Poultry for the Table and Market Versus Fancy Fowls* (London, 1898), p. 8.

14. Ferguson, G., *Illustrated Series of Rare and Prize Poultry* (London, 1854).

15. Scott, G. R., *The History of Cockfighting* (Hindhead: Saiga Publishing, 1983), p. 160.

16. Comte de Buffon, G. L. L., *The Natural History of Birds: From the French of the Count de Buffon*; Illustrated with Engravings, and a Preface, Notes, and Additions, by the Translator, Vol. II (Cambridge: Cambridge University Press, 2010).

17. As quoted in Burnham, The History of The Hen Fever, p. 133.

18. The Field, Saturday, 26 February 1853, p. 13.

19. The Times, 13 January 1853, p. 4.

第六章　蛋鸡

1. Aristotle, *Historia Animalium*, 6:2.

2. Diodorus Siculus, *Library of History*, Book I, 69–98.

3. Réaumur, R-A. Ferchault de, *The art of hatching and bringing up domestic fowls, by means of artificial heat*, communicated to the Royal Society. Translatedfrom the French, Trembley,F. R. S. (ed.) (London: C. Davis, 1750), pp. 2–3.

4. *The Travels of Sir John Mandeville*: The version of the Cotton Manuscript in modern spelling. With three narratives, in illustration of it, from Hakluyt's 'Navigations, Voyages & Discoveries' (London: Macmillan and Co. Limited; New York: The Macmillan Company 1900), p. 33.

5. Excerpt from *Utopia*, Book 2.

6. Landauer, W., *The Hatchability of Chicken Eggs as Influenced by Environment and Heredity* (Storrs Agricultural Experiment Station, 1961), p. 28.

7. Ashley, S., 'The Vulgar Mechanic and His Magical Oven: A Renaissance alchemist pioneers feedback control', *Nautilus* (2014).

8. Réaumur, as quoted in Terrall, M., *Catching Nature in the Act: Réaumur and the Practice of Natural History in the Eighteenth Century* (Chicago: University of Chicago Press, 2014).

9. Gaultier, Dr J. F., as quoted in Landauer, *The Hatchability of Chicken Eggs as Influenced by Environment and Heredity*, p. 39.

10. Lewer, S. H., *Wright's Book of Poultry* (London, New York, Toronto and Melbourne: Cassell and Company, Limited, 1912), p. 88.

11. Geyelin, G. K., *Poultry Breeding in a Commercial Point of View*, as carried out by the National Poultry Company (Limited) Bromley, Kent, 6th ed. (New York, 1881; 1st ed. 1867).

12. Landauer., *The Hatchability of Chicken Eggs as Influenced by Environment and Heredity*, p. 28.

13. *The Cyphers Incubator Catalogue and Guide to Poultry Culture* (New York: Wayland, 1899).

14. Meall, L. A., *Moubray's Treatise on Domestic and Ornamental Poultry, New edition* (London: Arthur Hill, Virtue and Co., 1854), p. 47.

15. Columella, L. J. M., *De Re Rustica*, Forster, E. S., M.B.E., M.A. (Oxon.), F.S.A. (trans.) (Cambridge, MA: Harvard University Press, 1954), Book VIII, Chapter II.

16. Loog, L. et al., 'Inferring Allele Frequency Trajectories from Ancient

DNA Indicates That Selection on a Chicken Gene Coincided with Changes in Medieval Husbandry Practices', *Molecular Biology and Evolution*, 34:8 (Aug 2017), pp. 1981–90.

17. Slavin, P., 'Chicken Husbandry in Late-Medieval Eastern England: c.1250–1400', *Anthropozoologica*, 44:2 (2009), pp. 35–56.

18. Warren, E., *200 Eggs a Year Per Hen: How to Get Them* (Hampton, NH: Warren, 1904), p. 3.

19. Dryden quoted in John, F. J. D., 'OSU's world-record-breaking chicken sparked a fowl feud with newspaper'.

20. W. C. Conner quoted in John, 'OSU's world-record-breaking chicken sparked a fowl feud with newspaper' .

21. Davenport, C. B., *Inheritance in Poultry* (CreateSpace Independent Publishing Platform, 2018), p. 5.

22. Robinson, L. in *Modern poultry husbandry* (1948), as quoted in Sayer, K., '"His footmarks on her shoulders": the place of women within poultry keeping in the British countryside, c.1880 to c.1980', *Agricultural History Review*, 61: II (2013), pp. 301–29.

23. Ott, W. H., 'Criteria of Vitamin D Deficiency in Mature Chickens', MSc thesis submitted to the Oregon State Agricultural College, June 1936, p. 7.

24. Touchette, J., 'Egges or Eyren?: The "boundless chase"', Saint Louis University Library Special Collections (October 2016).

第七章　肉鸡

1. *De Re Coquinaria of Apicius* (Walter M. Hill, 1936).

2. Moubray, B., *A Practical Treatise on breeding, rearing and fattening all kinds of Domestic Poultry, Pheasants, Pigeons and Rabbits*, including an account of the Egyptian method of hatching eggs by artificial heat,

Fourth edition: with additions, on the management of swine, on milch cows and on bees (London, 1830), p. 12.

3. Slavin, P., 'Chicken Husbandry in Late-Medieval Eastern England: c.1250–1400', *Anthropozoologica*, 44:2 (2009), pp. 35–56.

4. Pegge, S., *The Forme of Cury, A Roll of Ancient English Cookery Compiled, about A.D. 1390* (London, 1780).

5. Tirel, G., Le Viandier de Taillevent.

6. Gessner, as quoted in Cvjetkovic, V. et al., 'Capons: a history of "horned" egg incubators and chick carers', *Wiener tierärztliche Monatsschrift*, 104 (2017), pp. 363–75.

7. Slavin, P., 'Chicken Husbandry in Late-Medieval Eastern England: c.1250–1400', *Anthropozoologica*, 44:2 (2009), pp. 35–56.

8. Bostock, J., 'Who First Invented the Art of Cramming Poultry: Why the First Censors Forbade This Practice', *Pliny The Elder, The Natural History* (London: Taylor and Francis, 1855), Book 10, Chapter 71.

9. May, R., *The Accomplish Cook, or The Art and Mystery of Cookery* (London: R. Wood, 1665), p. 456.

10. Harleian MS.279, 'A Forme of Cury Douce', MS.55 (1450).

11. Shakespeare, W., *As You Like It*, Act 2, Scene 7 (Folger Shakespeare Library).

12. Onions, C. T., 'Capon', in *A Shakespeare Glossary* (Oxford: Clarendon Press, 1911).

13. Hartley, D., *Food in England* (London: Piatkus, 2009), pp. 186–8.

14. Dunne, J. et al., 'Reconciling organic residue analysis, faunal, archaeobotanical and historical records: Diet and the medieval peasant at West Cotton, Raunds, Northamptonshire', *Journal of Archaeological Science*, 107 (2019), pp. 58–70.

15. Boyce, C. and Fitzpatrick, J., *A History of Food in Literature from the Fourteenth Century to the Present* (London: Taylor and Francis, 2017), p. 24.

16. Moubray, *A Practical Treatise on breeding, rearing and fattening all kinds of Domestic Poultry, Pheasants, Pigeons and Rabbits*, p. 2.

17. As quoted by Hardouin de Péréfixe de Beaumont in *Histoire du Roy Henry le Grand* (Paris: Edme Martin, 1662).

18. Horowitz, S., *Putting Meat on the American Table* (Baltimore, MD: Johns Hopkins University Press, 2006), p. 103.

19. Tanner, G. C., *Consular Reports: Commerce, Manufactures, Etc.* Volume 8 (United States Bureau of Foreign Commerce, 1882), pp. 39–41.

20. US Bureau of the Census, *Historical Statistics of the United States, Colonial Times to 1957* (Washington, DC, 1960), pp. 122–3.

21. Platt, F. L. as quoted in Squier, S. M., *Poultry Science, Chicken Culture. A Partial Alphabet.* (Brunswick, NJ: Rutgers University Press, 2011).

22. Williams, W. H., *Delmarva's Chicken Industry: 75 years of progress* (Delmarva Chicken Association, 1998).

23. Bennett, C. E. et al., 'The broiler chicken as a signal of a human reconfigured biosphere', *Royal Society Open Science* (Dec 2018).

24. *The Chicken of Tomorrow Contest*, documentary (1948).

25. National Chicken Council, 'U.S. Broiler Performance 1925 to Present'.31. Bennett, 'The broiler chicken as a signal of a human reconfigured biosphere'.

26. Baéza, E. et al., 'Influence of increasing slaughter age of chickens on meat quality, welfare, and technical and economic results', *Journal of Animal Science*, 90:6 (2012).

第八章　先驱

1. Hunter, J. with notes by Bell, T., *Treatise on the natural history and*

diseases of the human teeth: explaining their structure, use, formation, growth, and diseases, in two parts (Philadelphia: Haswell, Barrington, and Haswell, 1839), pp. 100–1.

2. 'History of Smallpox', Centers for Disease Control and Prevention: U.S. Department of Health & Human Services.

3. Norkin, L. C., 'Ernest Goodpasture and the Egg in the Flu Vaccine' (2014).

4. Jacobson, T., 'Chickens and eggs: On the "Edison of Medicine" and his contribution to the study of vaccines', *The New Criterion* (1 April 2020).

5. Hoyt, K., 'Vaccine Innovation: Lessons from World War II', *Journal of Public Health Policy*, 27:1 (2006), pp. 38–57.

6. Ibid.

7. Doshi, P., 'Trends in recorded influenza mortality: United States, 1900–2004', *American Journal of Public Health*, 99:8 (Aug 2009), pp. 1353–4. PMID: 18381993.

8. Yeung, J., 'The US keeps millions of chickens in secret farms to make flu vaccines. But their eggs won't work for coronavirus', CNN Health (29 March 2020).

9. 'Changing dynamics in global poultry production', *Poultry World* (6 Jul 2010).

10. Gilbert,M., Slingenbergh,J. and Xiao,X., 'Climate change and avian influenza', *Revue scientifique et technique* (International Office of Epizootics), 27:2 (2008), pp. 459–66.

11. United States Government Accountability Office, 'AVIAN INFLUENZA: USDA Has Taken Actions to Reduce Risks but Needs a Plan to Evaluate Its Efforts', *Report to Congressional Requesters* (April 2017).

12. 'Genetically modified chicken's eggs offer hope for cheaper drug production', *Pharmaceutical Technology* (28 Jan 2019).

13. Rotenberk, L., 'Flock Star: From Computers to Cars, Chicken Feathers Are Everywhere', *Modern Farmer* (28 Feb 2014).

14. Hazen, H. A., 'The Tornado: Appearances; Lieut. Finley's Views', *Science*, 15 (23 May 1890), p. 311

15. Vonnegut, B., 'Chicken Plucking as Measure of Tornado Wind Speed', *Weatherwise*, 28:5 (1975), p. 217.

16. Bacon, F., *The Works of Francis Bacon: Miscellaneous writings in philosophy, morality and religion*, Jones, M. (ed.) (London, 1815).

17. Aubrey, J., 'Brief Lives,' chiefly of Contemporaries, set down by John Aubrey, between the Years 1669 & 1696, Vol. 1, Clark, A. (ed.) (Oxford: Clarendon Press, 1898).

18. Bacon, *The Works of Francis Bacon*.

19. Thomas, L., 'The Shivering Chicken of Highgate', The Evening News (10 Dec 1957), p. 6.

20. 'OECD-FAO Agricultural Outlook 2021–2030'.

21. Ritchie, H. and Roser, M., 'Meat and Dairy Production', *Our World in Data* (2019).

22. World Agriculture: Towards 2015/2030 – An FAO perspective, The Food and Agriculture Organization of the United Nations (2002).

23. Chiandetti, C. and Vallortigara, G., 'Intuitive physical reasoning about occluded objects by inexperienced chicks', *Proceedings of the Royal Society B.*, 278:1718 (Jan 2011), pp. 2621–7.

24. Marino, L., 'Thinking chickens: a review of cognition, emotion, and behavior in the domestic chicken', *Animal Cognition*, 20 (2017), pp. 127–47.

25. Ghirlanda, S., Jansson, L. and Enquist, M., 'Chickens prefer beautiful humans', *Human Nature*, 13:3 (Sep 2002), pp. 383–9.

26. Marino, 'Thinking chickens'.